국어도 풀고, 사회도 풀고, 과학도 풀고

생각의 뿌리가 달라야 합니다!

뿌리 깊은 나무는 바람에 아니 뮐세

곶됴코 여름 하나니

샘이 깊은 물은 가마래 아니 그칠세

내히 이러 바라래 가나니

– 《용비어천가》제2장

뿌리가 깊이 박힌 나무는 북풍한설 찬바람에도 잘 버틸 수 있습니다. 거추장스러운 이파리도 어줍잖게 풋 익은 열매도 다 버리고 뿌리로만 견딥니다. 얕은 뿌리로는 견딜 수 없습니다.

교육도 마찬가지입니다. 스스로 생각할 수 있는 튼튼한 뿌리를 만들어 주어야 묻고 반응하고 비판하는 능력도 커지고 문제 해결 능력도 커지는 것입니다. 〈바깔로레아 초등 교과 논술〉은 아이들이 생각의 뿌리를 내릴 수 있는 알맞은 토양을 만들어 주기 위해 노력하고 있습니다. 생각의 뿌리가 튼실하게 내리지 못한 채 책을 읽고, 글을 쓰는 것은 모래 위에 집을 짓는 것과 같습니다.

〈바깔로레아 초등 교과 논술〉은 스스로 자기 생각의 크기를 키워 나가는 아이, 막힐수록 더욱 성취 동기가 불타올라 꼭 알아내야만 직성이 풀리는 아이, 선생님이 불러 주는 대로 받아쓰기만 하는 아이가 아니라 선생님 이야기에서 생각의 실마리를 얻어 끊임없이 질문하고 생각하는 아이가 될 수 있도록 아이들의 뿌리를 생각하겠습니다. 그리고 열매는 아이들과 학부모님의 몫으로 온전히 돌려 드리겠습니다.

지은이 **서울대 국어교육학 박사 박학천**

바깔로레아 초등 교과 논술

· 국어 사회 과학 + 독서 논술 토론 통합 프로그램입니다.
· 쉽고 부담 없는 자료를 편하게 따라만 가면 저절로 사고력, 독해력, 이해력이 자라는 검증된 프로그램입니다.

단원별 학습 목표 및 구성

week 01
발상사고 혁명

실질적인 〈발상 · 사고〉 훈련
- 고정관념을 깨고, 개성적인 사고를 기릅니다.
- 스스로 질문하고 비판하는 시각과 자세를 기릅니다.

week 02
교과서 논술 01

〈국어 능력〉 심화 학습
- 국어 교과서 선행 학습으로 단원의 핵심을 이해합니다.
- 수행 평가, 서술형 · 논술형 문항으로 국어과 학습 능력을 키웁니다.

※ 교과서 활용 : 『듣기 · 말하기』 / 『읽기』

week 03
독서 클리닉

실질적인 〈읽기 능력〉 향상 훈련
- 억지로 읽기보다는 읽는 맛과 재미를 알려 줍니다.
- 비판적 읽기, 개성적 읽기로 글을 보는 안목을 키웁니다.

week 04
교과서 논술 02

〈국어 능력〉 심화 학습
- 국어 교과서 선행 학습으로 단원의 핵심을 이해합니다.
- 수행 평가, 서술형 · 논술형 문항으로 국어과 학습 능력을 키웁니다.

※ 교과서 활용 : 『듣기 · 말하기』 / 『읽기』

...... 병아리도 날 수 있다!

week 05
영재 클리닉 01

사회 교과서를 활용한 영재 심화 학습
- 통합 교과 시대를 대비, 사회과 학습 테마를 논술로 연결시켜 쉽고 재미있게 초중고 학습 과정의 주요 주제와 쟁점을 알려 줍니다.

※ 교과서 활용 : 『사회』

week 06
교과서 논술 03

〈국어 능력〉 심화 학습
- 국어 교과서 선행 학습으로 단원의 핵심을 이해합니다.
- 수행 평가, 서술형·논술형 문항으로 국어과 학습 능력을 키웁니다.

※ 교과서 활용 : 『듣기·말하기』 / 『읽기』

week 07
영재 클리닉 02

과학 교과서를 활용한 영재 심화 학습
- 통합 교과 시대를 대비, 과학과 학습 테마를 논술로 연결시켜 쉽고 재미있게 초중고 학습 과정의 주요 주제와 쟁점을 알려 줍니다.

※ 교과서 활용 : 『과학』

week 08
논술 클리닉

『쓰기』 교과서를 활용한 논술 훈련!
- 쓰기 교과서로 쓰기 학습 능력을 키운 후, 생활문에서 본격 논술까지 자신 있게 자신의 견해를 글로 표현하도록 유도합니다.

※ 교과서 활용 : 『쓰기』

차례

발상사고혁명	천재는 정말 악필일까요?	05
교과서 논술 01	내게 설명해 봐	13
독서 클리닉	행복한 왕자는 행복했을까?	23
교과서 논술 02	속담과 이야기 속에 담긴 생각	31
영재 클리닉 01	옛 사람들의 지혜로운 삶	41
교과서 논술 03	재미있는 이야기 세계	51
영재 클리닉 02	날씨와 생활	61
논술 클리닉	지킬 것은 지키자	71
신통방통 서술형 논술형	국어 술술 사회 술술 과학 술술	81

책 속의 책 | **GUIDE** & 가능한 답변들

천재는 정말 악필일까요?

이 글씨를 잘 알아볼 수 있나요?

천재는 정말 악필일까요?

01 베토벤은 '엘리제'를 위했나?

※ 다음 글을 읽고, 물음에 답하시오.

베토벤

천재 작곡가 베토벤은 악필로도 유명하다.

〈엘리제를 위하여〉 악보는 베토벤이 죽은 지 40여 년이 지난 뒤에 발견되었다. 악보에는 '엘리제를 위하여. 4월 27일, 추억을 기리며 베토벤'이라고 적혀 있었고, 남녀의 사랑을 떠올리게 하는 곡이었다. 그러나 정작 베토벤은 엘리제라는 여성과 사귄 적이 없었기 때문에 학자들은 '엘리제'가 누구인지에 대해 고심하다가 결국 '테레제 폰 말파티'란 여성을 찾아냈다.

베토벤은 오스트리아 대지주의 딸 테레제에게 피아노를 가르쳤었는데, 빈 사교계에 아름답기로 소문난 테레제에게 반해 청혼을 했었다고 한다. 그러나 23살이라는 나이 차이와 신분의 벽 때문에 사랑을 이룰 수는 없었는데, 베토벤이 사랑의 열병을 앓던 그 당시에 테레제에게 보낸 사랑의 음악 편지가 바로 〈엘리제를 위하여〉였던 것이다.

학자들은 베토벤이 '테레제'라고 썼지만 워낙 악필이었기 때문에 악보를 낸 출판사 담당자가 '엘리제'로 잘못 읽은 것이라고 추측했다.

1 테레제를 위하여 쓴 곡이 〈엘리제를 위하여〉가 된 까닭은 무엇인지 쓰시오.

2 글씨를 바르게 써야 하는 이유는 무엇인지 쓰시오.

※ 다음 글을 읽고, 물음에 답하시오.

천재는 정말 악필일까?

글씨를 되는대로 아무렇게나 써 놓은 모양을 '괴발개발'이라 한다. 글씨를 배우는 단계의 어린이가 아닌 어른이 글씨가 엉망일 때 악필이라고 하는데, 그들은 '천재는 악필이다.'라는 말로 스스로를 위로한다.

앞에서 말한 베토벤과 같이 신학자 토마스 아퀴나스도 '판독 불가능'이란 별명이 있을 정도로 유명한 악필이었다고 한다. 그래서 글씨를 대신 써 주는 사람을 두고 책을 썼다고 한다.

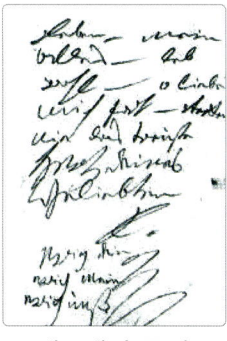
베토벤의 글씨

그렇다면 천재는 모두 악필일까? 물론 그렇지 않다. 위대한 천재 과학자 아이슈타인은 악필이 아니다. 그리고 괴테도 입이 떡 벌어질 정도로 글씨를 잘 썼고, 에디슨도 그랬다. 그러니까 모든 천재가 악필은 아니라는 말이다.

3 이 세상에 천재는 모두 몇 명이나 될까요? 여러분이 알고 있는 천재들의 이름을 써 보시오.

4 그 사람들은 모두 악필이었을까요?

5 '천재는 악필이다.'라고 말할 수 없는 이유를 쓰고, 친구들과 이야기해 보시오.

02 악필들의 전성시대

※ 다음 글을 읽고, 물음에 답하시오.

'천재는 악필'이라는 말이 사실이라면 요즘 웬만한 어린이들은 모두 '천재'다. 종이가 발명된 후부터 글씨를 쓰는 것은 인간의 가장 기본적인 활동에 속했다. 하지만 최근 몇 년 사이 디지털화가 빠르게 진행되면서 이 오래된 인류의 활동이 흔들리고 '컴퓨터의 전성시대'가 왔다. 실제로 지난해 통계청이 발표한 정보화 실태 조사에 따르면 컴퓨터를 사용할 수 있는 초등학생 비율이 95% 이상이었다.

악필이 많아진 원인은 어린이들이 컴퓨터와 친해지면서 글씨 쓰기를 할 시간과 기회가 줄어든 탓도 있겠지만 글씨를 잘 쓰도록 지도하는 분위기가 부족하기 때문이기도 하다.

우리나라에서는 흔히 컴퓨터를 잘 못하는 사람을 '컴맹'이라 하며 컴퓨터를 잘하는 것을 중요하게 생각하지만, 일본은 글씨를 못 쓰는 사람을 '자맹(字盲)'이라 부를 정도로 글씨 쓰기를 중요시하고 있다. 또 글씨 쓰기에 대한 체계적인 교육이 이뤄지지 않는 것도 또 다른 이유일 것이다. 현재 초등학교 국어과 교육은 듣기·말하기·읽기·쓰기로 나뉘어 있지만 쓰기 영역이 글짓기와 글쓰기를 함께 다루면서 고학년으로 올라갈수록 글씨 쓰기보다는 글짓기에 더 많은 무게를 두고 있는 실정이다.

서울의 한 서예원 원장은 '글쓰기는 어릴 때부터 손재주는 물론 섬세한 감각을 익힐 수 있는 가장 기본적인 연습이다.'라며 글씨의 중요성을 강조했다.

1 어린이들이 점점 글씨를 못 쓰는 이유는 무엇인지 쓰시오.

_____

_____

03 왜 글씨를 잘 써야 할까?

※ 다음 글을 읽고, 물음에 답하시오.

1 이 글씨를 보고 어떤 생각이 드나요?

2 글씨를 잘 못 쓰는 친구가 있나요? 그 친구에게 해 주고 싶은 말을 쓰시오.

※ 다음 글을 읽고, 물음에 답하시오.

글씨는 그 사람의 마음이다

'글씨는 그 사람의 마음이다.'라는 말이 있다.

아무리 훌륭한 내용의 글이라고 해도 글씨를 알아보기 힘들 정도라면 좋은 글이라고 할 수 없을 것이다.

어른들 중에도 중요하게 서명을 해야 하거나 공문서를 제출해야 할 때 악필 때문에 열등감을 느끼는 사람이 많다. 그렇기 때문에 글씨를 바르고 예쁘게 쓰는 것은 아주 중요하다. 그러나 글씨라는 것이 '오늘부터 글씨를 잘 써야지.'라고 생각한다고 해서 곧바로 잘 써지는 것이 아니기 때문에 노력이 필요하다.

특히 글씨체가 고정되는 시기의 학생들은 그 시기에 바른 글씨체를 만들기 위해 많은 노력을 해야 한다.

교과서나 공책에 필기할 내용이 있으면 표준 어법에 맞춰 깨끗하게 끝까지 필기하고, 일기만큼은 반드시 공책에 직접 쓰는 것도 중요하다. 또, 잘 써야겠다는 마음을 가지고 바른 자세로 앉아 집중해서 잘 쓴 글씨를 따라 써 보는 노력이 필요하다.

무엇보다 중요한 것은 노력이다. 노력 없이 이루어지는 좋은 결과는 없다는 사실을 잊지 말아야 할 것이다.

3 글씨를 잘 쓰려면 어떻게 해야 하는지 써 보시오.

모든 것은 마음먹기 달렸대!

※ 다음 만화를 보고, 물음에 답하시오.

1 이모가 기분이 좋은 이유는 무엇 때문일까요?

_____

2 비싼 만년필로 글씨를 쓰면 정말 글씨가 잘 써질까요? 만약 잘 써진다고 생각한다면 그렇게 생각하는 이유도 함께 써 보시오.

_____

_____

모든 천재가 악필은 아니다

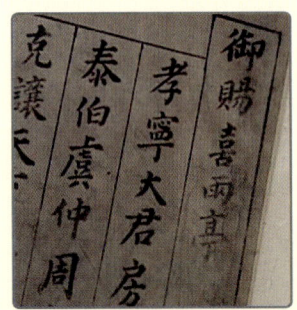

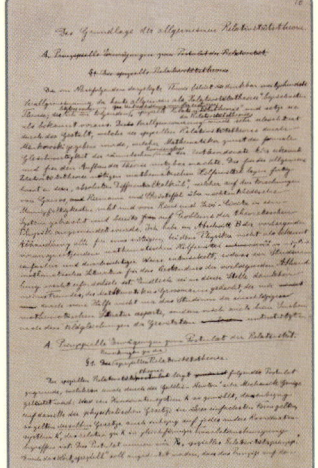

   세종대왕이 직접 쓴 글씨와 베토벤이 직접 그린 악보, 아인슈타인이 직접 쓴 편지예요.

   세종대왕과 베토벤, 그리고 아인슈타인 모두 아주 훌륭한 일을 해 낸 천재들이지만 모두 악필도 아니고 모두 명필도 아니에요.

   그러니까 천재라고 해서 모두 악필은 아니라는 것 알겠지요?

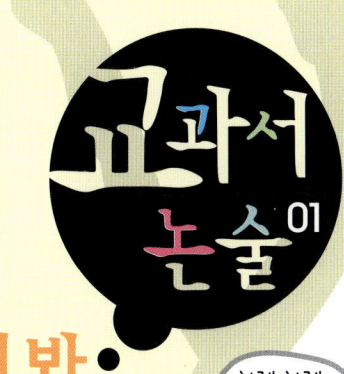

내게 설명해 봐

차례 차례
삐악삐악

『듣기·말하기』·『읽기』_5 알기 쉽게 차례대로

01 내게 설명해 봐

듣기 말하기 교과서 63~76쪽 | 학습 목표: 듣는이가 알기 쉽게 안내하는 방법을 알 수 있다.

대한이와 예원이의 대화

대한 : 예원아, 내일이 내 생일인데 올 수 있니?
예원 : 응, 갈게. 그런데 몇 시에 어디로 가야 해?
대한 : 세 시까지 우리 집으로 오면 돼.
예원 : 너희 집이 어디인데?
대한 : 학교 정문 앞 횡단보도를 건너면 오른쪽에 문방구가 있지?
예원 : 응, 알아.
대한 : 그 문방구 골목으로 계속 걸어가면 놀이터가 나와.
예원 : 그다음에는?
대한 : 놀이터에서 왼쪽을 보면 세탁소가 있을 거야. 그 세탁소 바로 뒤에 있는 집이 우리 집이야.
예원 : 그래, 알았어.

1 대한이와 예원이의 대화 내용이 아닌 것은 어느 것입니까? (   )

① 대한이가 안내를 시작한 곳은 학교 정문이다.
② 예원이가 찾아가야 할 곳은 대한이네 집이다.
③ 대한이와 예원이가 만나기로 한 시간은 두 시다.
④ 대한이네 집은 놀이터 왼쪽에 있는 세탁소 뒤에 있다.
⑤ 학교 정문 앞 횡단보도를 건너면 오른편에 문방구가 있다.

2 대한이가 예원이에게 자기네 집을 찾아가는 길을 안내하였습니다. 대한이가 말한 차례대로 다음 빈칸을 채우시오.

학교 정문 ➡ (   ) ➡ 문방구 ➡ (   ) ➡ (   ) ➡ 집

3 예원이가 대한이네 집을 찾아가는 길을 다음 그림에 선으로 표시하시오.

문방구 가는 길

1 외국인인 세바스찬이 문방구가 어디인지 몰라 슈퍼마켓에서 만난 현중이에게 길을 물었어요. 그런데 현중이가 길을 정확하게 안내하지 못하네요. 다음 지도를 보고, 세바스찬이 문방구를 잘 찾을 수 있게 슈퍼마켓에서 문방구로 가는 길을 안내하는 말을 해 보시오.

02 쉬운 말로 차례차례 01

읽기 | 교과서 92~95쪽 | 학습 목표: 설명서의 특징을 알고, 일의 순서대로 설명할 수 있다.

말하는 종이컵 인형 만들기

● 글의 종류 설명하는 글
● 글의 특징 종이컵으로 말하는 종이컵 인형을 만드는 방법과 일의 순서를 설명하는 글

우리가 가끔 사용하는 일회용 종이컵으로 인형을 만든다면 어떤 모습일까요? 한 번 쓰고 버리기 아까운 종이컵으로 말하는 인형을 만들어 봅시다. 완성된 모습을 생각하면서 말하는 종이컵 인형을 만드는 순서를 알아봅시다.

1 준비물 챙기기

먼저, 종이컵 인형을 만들 준비물을 잘 챙겨 둡니다. 종이컵과 나무젓가락, 색종이, 가위, 풀, 셀로판테이프, 두꺼운 종이띠(나무젓가락 길이 정도)를 준비합니다.

2 종이컵 자르기

종이컵의 자를 부분에 연필로 대강 선을 긋습니다. 종이컵에서 종이가 겹쳐 있는 부분은 자르기 어렵기 때문에 이를 제외하고, 종이컵의 반쯤 되는 부분에 선을 그으면 됩니다. 그리고 가위로 자릅니다.

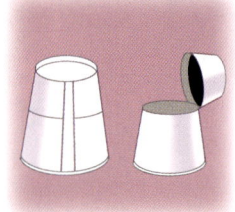

3 나무젓가락 고정하기

종이컵에서 종이가 겹쳐 있는 부분의 안쪽에 나무젓가락을 놓고 셀로판테이프로 고정합니다. 종이가 겹쳐 있는 부분은 가위로 자르지 않았던 부분입니다.

4 종이띠 붙이기

나무젓가락과 같은 길이의 두꺼운 종이띠를 종이컵 위에 나무젓가락과 같은 방향으로 놓습니다. 그리고 종이컵의 바깥쪽 윗부분에 셀로판테이프로 붙입니다. 그러면 종이가 나무젓가락보다 위에 붙어 더 짧게 보입니다.

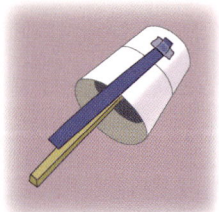

5 ㉠

종이컵 겉면에 그림을 그리거나 색종이를 잘라 붙입니다. 눈, 코, 입 등을 만들어 붙이거나 색칠하면 친구들과 놀이할 수 있는 다양한 동물이나 인형으로 꾸밀 수 있습니다. 이때, 나무젓가락이 보이는 쪽이 아래쪽입니다.

1 이 글을 읽고, 알 수 있는 사실이 <u>아닌</u> 것은 어느 것입니까? ( )

① 말하는 종이컵 인형을 만드는 방법을 알 수 있다.
② 말하는 종이컵 인형을 만드는 순서를 알 수 있다.
③ 말하는 종이컵 인형을 꾸미는 방법을 알 수 있다.
④ 말하는 종이컵 인형으로 놀이를 하는 방법을 알 수 있다.
⑤ 말하는 종이컵 인형을 만드는 데 필요한 준비물을 알 수 있다.

2 설명하는 내용으로 보아, ㉠ 안에 들어갈 알맞은 제목은 무엇인지 쓰시오.

_____

3 이 글을 크게 두 부분으로 나눌 때, 빈칸에 들어갈 내용을 쓰시오.

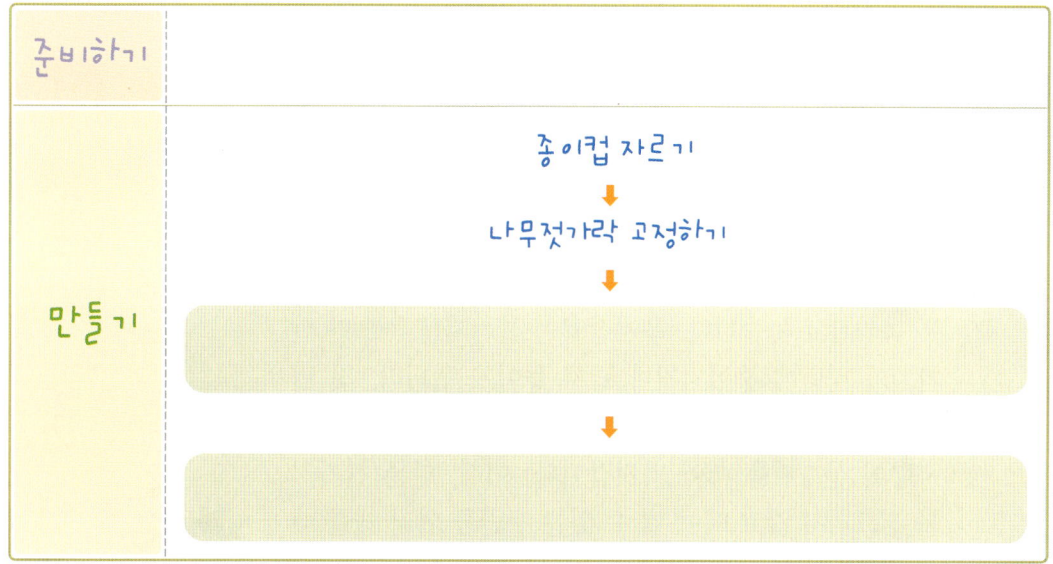

4 이 글 바로 뒤에 이어질 내용으로 가장 알맞은 것은 무엇입니까? ( )

① 말하는 종이컵 인형의 가격
② 말하는 종이컵 인형의 역사
③ 말하는 종이컵 인형을 만드는 사람
④ 말하는 종이컵 인형을 버리는 방법
⑤ 말하는 종이컵 인형 놀이하기 방법

03 쉬운 말로 차례차례 O2

읽기 | 교과서 100~107쪽 | 학습 목표 : 일의 순서를 파악하며 설명서를 읽을 수 있다.

산가지 놀이를 어떻게 할까?

- 글의 종류 설명하는 글
- 중심 글감 산가지 떼어 내기 놀이
- 중심 생각 산가지 떼어 내기 놀이 하는 방법과 순서를 설명하는 글

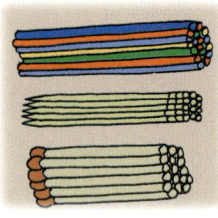

'산가지 놀이' 중에서 떼어 내기 놀이를 해 봅시다. 우선, 떼어 내기 놀이를 하기 위한 준비물로 산가지가 필요합니다. 알록달록하게 만든 산가지뿐만 아니라 성냥개비나 이쑤시개, 나뭇가지로도 '산가지 놀이'를 할 수 있습니다.

떼어 내기 놀이는 두 명 이상 네 명 정도의 사람들이 방이나 마당 등 어디에서든지 할 수 있습니다. 다음 규칙을 잘 익혀서 친구들이나 가족과 함께 재미있는 떼어 내기 놀이를 해 봅시다.

1 먼저, 산가지를 떼어 내는 순서를 정하여야 합니다. 산가지 떼어 내기 놀이에 참여하는 사람들끼리 가위바위보를 하여 순서를 정합니다. 순서에 따라 자기 차례가 되어야 산가지를 떼어 낼 수 있습니다.

2 가위바위보에서 첫 번째 순서가 된 사람이 산가지를 모두 움켜잡고 놓습니다. 움켜잡았던 산가지를 놓으면 산가지가 바닥에 흩어지거나 겹쳐 놓이게 됩니다. 첫 번째 사람은 다른 산가지를 떼어 내기 쉽습니다. 첫 번째 사람이 산가지를 떼어 가져갑니다. 이때, 다른 산가지를 건드리지 않고 떼어 낼 수 있는 수만큼 여러 개를 떼어 내도 됩니다.

3 두 번째 사람은 첫 번째 사람이 떼어 내고 난 다음에 산가지를 떼어 냅니다. 이때에도 다른 산가지를 건드리지 않도록 조심하여야 합니다. 두 번째 사람도 다른 산가지를 건드리지 않았다면 떼어 낸 산가지를 가져갑니다. 만약, 다른 산가지를 건드리면 산가지를 떼어 내지 못하고 그대로 두어야 합니다. 산가지를 건드리면 가지고 갈 수 없습니다.

4 쉽게 떼어 낼 수 있는 산가지가 없을 때에 자기 차례를 맞이한 사람은 불리합니다. 산가지를 떼어 내려다가 쌓여 있는 산가지 전체를 다시 흩어 놓게 됩니다. 다른 산가지를 건드리면 산가지를 떼어 올 수 없으면서 다음 사람이 떼어 내기 쉽도록 흩어 주기만 할 뿐입니다.

1 이 글에서는 '산가지 놀이' 중에서 어떤 놀이를 설명하고 있는지 쓰시오.

2 떼어 내기 놀이를 할 수 있는 재료가 <u>아닌</u> 것은 어느 것입니까? (   )
① 산가지
② 조약돌
③ 성냥개비
④ 이쑤시개
⑤ 나뭇가지

3 '산가지 떼어 내기 놀이'를 하기 위하여 가장 먼저 할 일은 무엇인지 쓰시오.

4 가위바위보를 해서 첫 번째 순서가 된 사람이 해야 할 일은 무엇입니까?(   )
① 놀이의 규칙을 정한다.
② 산가지를 쌓아 놓는다.
③ 산가지를 구부러뜨린다.
④ 산가지를 모두 움켜잡고 놓는다.
⑤ 산가지로 여러 가지 모양을 만든다.

5 산가지를 떼어 낼 때 조심하여야 할 점은 무엇인지 쓰시오.

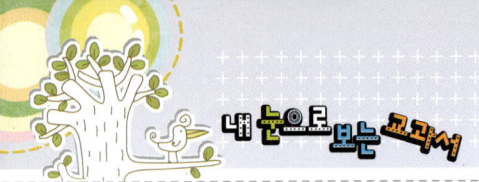

03 쉬운 말로 차례차례 02

5 쌓여 있는 산가지의 윗부분에서 떼어 내지 못하면 다른 부분에서 떼어 낼 수 있는 산가지를 찾아보아야 합니다. 아랫부분에서 다른 산가지를 움직이지 않고 떼어 낼 수 있는 산가지를 찾기도 합니다. 어렵지만 이렇게 산가지를 떼어 낼 수 있다면 이길 가능성이 많습니다. 다음 사람은 산가지를 잘 떼어 내지 못할 가능성이 높기 때문입니다.

6 쌓인 산가지가 다 없어질 때까지 정한 순서대로 산가지를 떼어 냅니다. 처음에는 먼저 떼어 내는 사람이 잘 떼어 낼 수 있지만, 순서가 지나갈수록 앞사람이 어떻게 산가지 더미를 흩어 놓았는지에 따라 달라집니다.

7 맨 마지막에는 우승자를 가립니다. 산가지가 가장 많은 사람이 우승합니다. 우승자는 산가지가 가장 적은 사람에게 벌칙을 줄 수 있습니다.

6 이 글의 내용으로 알맞은 것은 어느 것입니까? ( )

① 산가지가 모두 쌓일 때까지 산가지를 떼어 낸다.
② 순서가 지나갈수록 산가지를 떼어 내기가 수월하다.
③ 산가지를 가장 적게 가지고 있는 사람이 놀이의 우승자다.
④ 우승자는 산가지가 가장 많은 사람에게 벌칙을 줄 수 있다.
⑤ 아랫부분에서 산가지를 떼어 낼 수 있으면 이길 가능성이 높다.

7 산가지 떼어 내기 놀이는 언제까지 하는지 쓰시오.

8 '산가지 놀이'에서 우승자는 어떻게 결정되는지 쓰시오.

쌀보리 놀이

쌀보리는 보통 두 사람이 하는 놀이입니다. 친구와 마주보고 앉아 가위바위보를 하여 술래를 정합니다. 가위바위보에서 진 술래는 두 손을 모아 이긴 사람의 주먹을 쥘 모양을 만듭니다. 이긴 사람은 주먹을 쥐고 '쌀' 또는 '보리'라고 외치면서 술래의 두 손 안으로 재빠르게 주먹을 넣었다가 뺍니다. 이긴 친구가 '쌀'이라고 외칠 때 술래가 재빨리 친구의 주먹 쥔 손을 잡으면 술래가 바뀝니다. 이와 같은 방법으로 순서를 바꾸어 가며 놀이를 합니다. 그리고 이 놀이를 할 때 술래를 혼란스럽게 만들기 위해 '쌀-쌀-쌀-보리', '보리-보리-쌀' 등으로 같은 낱말을 여러 번 외친 다음에 다른 낱말을 외칠 수도 있습니다.

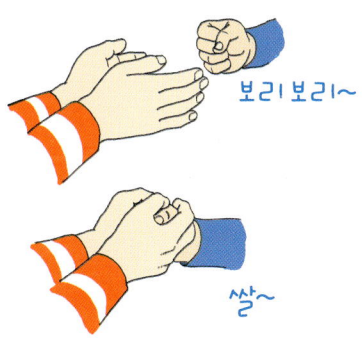

1 이 글은 무엇에 대해 설명하는 글인지 쓰시오.

2 이 놀이를 하는 순서에 따라 빈칸에 알맞은 내용을 쓰시오.

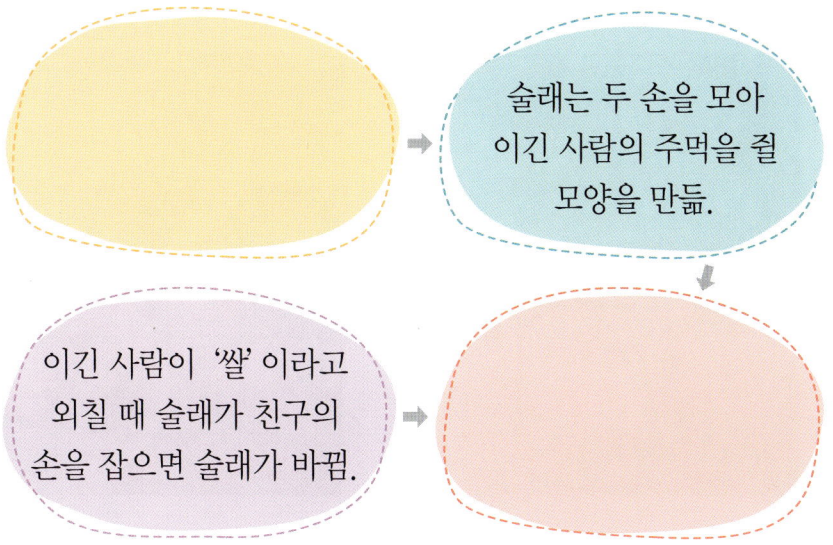

참치 샌드위치 만들기

※ 다음 글을 읽고, 물음에 답하시오.

1 오이 피클, 양파, 참치 손질하기
오이 피클과 양파는 잘게 다지고, 참치는 체에 밭쳐 기름을 빼서 준비한다.

2 재료 버무리기
다진 피클과 양파와 참치를 그릇에 담고 마요네즈를 넣어 잘 버무린다.

3 머스터드 바르기
식빵에 머스터드를 골고루 펴 바른다.

4 재료 올리기
빵 위에 상추를 깔고 버무린 재료 2를 올린 다음 빵을 올린다.

1 참치 샌드위치를 만들 때 가장 먼저 할 일은 무엇인지 쓰시오.

2 다음 사진을 보고, 참치 샌드위치를 만드는 순서에 따라 번호를 쓰시오.

①    ②

③    ④

(　　　) ➡ (　　　) ➡ (　　　) ➡ (　　　)

행복한 왕자는 행복했을까?

《행복한 왕자》 마음으로 읽기

남을 도울 때는 어떤 마음으로 도와야 할까요?

행복한 왕자는 행복했을까?

01 행복한 왕자의 눈물

※ 《행복한 왕자》를 읽고, 물음에 답하시오.

어느 광장 한복판에 행복한 왕자 동상이 높게 세워져 있었습니다. 이 동상은 온몸이 황금으로 덮여 있었고, 두 눈은 푸른 사파이어였습니다. 그리고 칼자루에는 루비가 박혀 반짝였습니다. 드높이 솟은 동상은 언제나 번쩍번쩍 빛났고, 사람들은 이 동상을 '행복한 왕자'라고 불렀습니다.

어느 가을날 저녁, 겨울을 나기 위해 남쪽 나라로 날아가던 작은 제비 한 마리가 왕자의 발 사이에 내려앉았습니다.

"아아, 오늘은 황금 침대에서 자는구나."

그리고 막 잠을 자려고 하는데 물방울이 뚝 떨어졌습니다. 제비가 고개를 들어 위를 쳐다보니 행복한 왕자의 두 눈에 눈물이 가득 괴어 있었습니다.

"왕자님, 왜 눈물을 흘리세요?"

"내가 살아 있을 때는 늘 행복해서 눈물을 흘린 적이 없었어. 그런데 이 높은 곳에 서 있으니 불쌍한 사람들이 많이 보여서 눈물을 안 흘릴 수가 없구나. 지금도 저 건너편에 사는 아이가 앓고 있는데, 어머니는 돈이 없어 아이가 먹고 싶어 하는 오렌지도 못 사 주고 울고만 있어. 제비야, 내 칼자루에 박혀 있는 루비를 떼어 저 집에 갖다 주지 않겠니?"

제비는 왕자의 부탁을 들어주었습니다. 그리고 다음 날 제비가 남쪽 나라로 날아가려고 하자 왕자가 말했습니다.

"제비야, 저 다락방에 사는 젊은 예술가가 배가 고파서 극본을 못 쓰고 있단다. 내 눈을 빼서 갖다 주고 와 주렴."

제비는 또 왕자의 부탁을 들어주었습니다. 그 다음 날도 제비는 왕자의 남은 사파이어 눈마저 뽑아서 성냥을 도랑에 빠뜨려서 울고 있는 불쌍한 성냥팔이 소녀에게 갖다 주었습니다. 성냥팔이 소녀의 눈물은 기쁨의 눈물로 변했습니다.

1 왕자는 제비에게 제일 처음 무엇을 부탁하였습니까?

2 여러분이 만약 제비의 입장이라면 왕자의 부탁을 받아들였을까요? 여러분의 생각을 써 보시오.

3 아래에 왕자의 말처럼 사람은 자기가 행복할 때는 다른 사람의 불행을 보지 못합니다. 여러분도 친구나 가족의 어려움을 모르고 있다가 나중에 알게 되었던 적이 있나요? 친구들과 이야기해 보시오.

> "내가 살아 있을 때는 늘 행복해서 눈물을 흘린 적이 없었어. 그런데 이 높은 곳에 서 있으니 불쌍한 사람들이 많이 보여서 눈물을 안 흘릴 수가 없구나."

02 세상에서 가장 귀중한 것

※ 《행복한 왕자》를 읽고, 물음에 답하시오.

제비는 장님이 되어 버린 왕자를 두고 떠날 수가 없었습니다. 그래서 그 다음 날도, 또 그 다음 날도 제비는 왕자의 부탁대로 왕자의 몸에 덮인 금 조각을 떼어 가난하고 불쌍한 사람들에게 나눠 주었습니다.

그러는 동안 어느덧 겨울이 왔고, 눈발이 날리기 시작했습니다. 겨울 찬 바람에 온몸이 얼어붙어 더 이상 살 수가 없게 된 제비는 있는 힘을 다해 왕자의 어깨로 날아 올랐습니다.

"왕자님, 안녕히 계세요."

제비는 왕자의 입술에 입을 맞추고 왕자의 발밑으로 떨어져 죽고 말았습니다. 그때, 왕자의 가슴에서 뭔가 깨지는 소리가 들렸습니다. 그것은 납으로 만들어진 왕자의 심장이 깨지는 소리였습니다.

다음날 아침, 시장과 시의원들이 행복한 왕자 동상 앞을 지났습니다.

"행복한 왕자가 왜 저렇게 되었지? 정말 흉하군."

사람들은 흉하게 변한 행복한 왕자를 끌어내어 뜨거운 용광로에 넣었습니다. 그런데 이상하게도 부서진 왕자의 심장은 그 뜨거운 용광로에서도 녹지 않았습니다. 사람들은 그 심장을 쓰레기장에 버렸습니다. 그 쓰레기장에는 죽은 제비도 버려져 있었습니다.

그날 밤, 하늘에서 아름다운 천사가 내려왔습니다. 이 세상에서 가장 귀중한 것을 하늘나라로 가져오라는 명령을 받은 천사였습니다.

"가장 귀한 것은 왕자님의 따뜻한 마음과 이 착한 제비야."

천사는 왕자의 부서진 심장과 죽은 제비를 안고 하늘나라로 올라갔습니다. 그러자 하느님이 이렇게 말씀하셨습니다.

"참으로 귀한 것을 가져 왔구나. 제비는 천국의 뜰에서 노래하게 하고 왕자는 천국에서 살게 하라."

1. 왕자의 동상이 아름다운 모습이었을 때와 모든 것을 다 떼어 주고 볼품없이 되었을 때 사람들이 다르게 대한 이유는 무엇이라고 생각하나요?

2. 왕자의 심장이 용광로에서도 녹지 않은 이유는 무엇일까요?

3. 여러분이 만약 이 글에 나오는 천사처럼 이 세상에서 가장 귀한 것을 가져오라는 명령을 받았다면 무엇을 가져가고 싶은가요? 이유와 함께 써 보시오.

   저는 _____(을)를 가져 갈 거예요.

   왜냐하면 _____

4. 《행복한 왕자》를 읽고, 가장 감명 깊었던 점을 써 보시오.

03 남을 더 생각하는 마음

※ 친구들이 쓴 독후감 두 편을 읽고, 물음에 답하시오.

왕자의 마음씨를 닮고 싶어요

– 최정윤 (초등 3)

'행복한 왕자'는 살아 있을 때는 슬픔도 아픔도 모르고 살았다. 그런데 죽어서 광장에 세워진 뒤로 '슬픈 왕자'가 되었다. 높은 곳에서 힘들고 아프게 살아가는 많은 사람들을 보아야 했기 때문이다. 그들을 보면서도 도울 수 없었던 왕자는 제비의 도움으로 그들을 도울 수 있게 된다. 왕자는 자신의 보석, 눈, 살갗을 모두 떼어 가난하고 아픈 사람들에게 나누어 주고, 제비는 따뜻한 남쪽 나라로 가는 것을 포기하고 왕자를 돕는다. 이런 왕자와 제비의 희생 덕분에 많은 사람들은 웃음을 되찾고 건강을 되찾을 수 있게 된다.

하지만 남쪽 나라로 가지 못한 제비는 왕자의 발밑에서 죽는다. 행복한 왕자는 자신을 위해 희생했던, 제비가 죽자 심장이 깨지고 만다. 제비가 죽은 슬픔을 이기지 못한 왕자의 심장이 깨졌을 땐 나도 심장이 깨지는 것 같았다.

행복한 왕자와 제비의 희생으로 많은 사람이 행복해질 수 있었으므로 왕자와 제비의 죽음은 아름다운 죽음이라고 생각한다. 그래서 천사도 가장 귀한 것으로 왕자의 심장과 죽은 제비를 가지고 갔을 것이다. 행복한 왕자가 살았을 때에는 슬프고, 아프게 살아가는 사람들을 보지 못했던 것처럼 나도 나만 즐겁고 행복하게 사느라 슬프고, 아프게 살아가는 사람들을 보지 못할까 봐 겁이 났다. 내가 못 보는 곳에서 힘들게 살아가는 사람들이 없는지 주위를 잘 둘러보아야겠다.

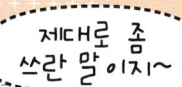

행복한 왕자는 행복해요

— 한희영 (초등 3)

마을 광장에 행복한 왕자 동상이 있었다. 어느 날 작은 제비가 행복한 왕자의 발밑에서 자려고 하는데 갑자기 왕자가 눈물을 흘렸다. 왕자는 가난한 사람들이 너무나 많아서 울지 않을 수 없다고 했다.

제비는 왕자의 부탁으로 왕자의 칼자루에서 루비를 뽑아서 아이가 아픈데 돈이 없어 울고 있는 어머니에게 갖다 주었다. 또, 가난한 예술가에게 왕자의 사파이어 눈을 뽑아서 주었다. 그리고 남은 한쪽 사파이어 눈도 불쌍한 소녀에게 주었다.

제비는 눈을 모두 주어서 앞을 못 보게 된 왕자를 두고 떠날 수가 없어서 왕자님 곁에 있으면서 어려운 사람들을 도와주기로 했다. 왕자는 가난한 사람에게 몸에 붙은 순금까지 다 떼어 주고 시간이 지날수록 보기 흉한 동상으로 변해 갔고, 겨울이 되어 제비도 얼어 죽어 버렸다.

나는 이 책을 읽고, 왕자처럼 어려운 사람을 도와주어야겠다고 생각했다.

1 정윤이와 희영이 두 사람 중에서 누가 더 독후감을 잘 썼다고 생각하나요? 그렇게 생각하는 이유와 함께 써 보시오.

나는 _____ 가 잘 썼다고 생각해요.

그 이유는 _____

2 나머지 한 편의 독후감에서 부족한 부분은 무엇인지 친구들과 이야기해 보시오.

함께 사는 사회

※ 다음 사진을 보고, 물음에 답하시오.

1 세상에는 우리의 도움이 필요한 어렵고 힘든 사람들이 너무나 많습니다. 어떤 사람들이 있는지 써 보시오.

_____

_____

2 여러분의 입장에서 그들을 도울 수 있는 방법에는 무엇이 있을지 친구들과 이야기해 보시오.

속담과 이야기 속에 담긴 생각

『듣기·말하기』·『읽기』_ 6 좋은 생각이 있어요

속담을 말해 봐.

01 속담과 이야기 속에 담긴 생각

 듣기 말하기 교과서 77~91쪽 | 학습 목표 : 속담을 활용하여 말하는 방법을 알 수 있다.

이항복의 깨달음

"얘야, 네가 던진 것이 무엇이냐?"
"대장장이 아저씨가 버린 못 쓰는 쇳조각입니다."
"㉠티끌 모아 태산이 되는 법이란다. 이 쇳조각이 작고 쓸모없어 보여도 이것으로 못이나 송곳을 얼마나 많이 만들 수 있을지 생각해 보았느냐? 작다고 함부로 다루어서는 아니 된다."
 어머니의 말씀을 듣고 크게 깨달은 이항복은 그때부터 대장간 근처에서 놀 때마다 버려진 쇳조각을 주워 모았습니다.
 그로부터 삼 년 뒤, 마을의 대장장이는 몹시 가난해져서 대장간조차 꾸려 가기 어렵게 되었습니다. 이 소문을 들은 이항복은 그동안 모은 쇳조각을 대장장이에게 가져다주었습니다. 조금씩 모은 쇳조각이 큰 항아리로 세 개나 되었습니다. 세 항아리나 되는 쇳조각을 받은 대장장이는 크게 깨달아 그 뒤로는 쇳조각 하나라도 함부로 버리지 않았다고 합니다.

1 이항복의 어머니가 ㉠'티끌 모아 태산'이라는 속담을 통해 전달하고자 한 교훈은 무엇인지 쓰시오.

2 어머니의 말씀을 듣고 난 뒤, 이항복은 어떻게 행동하였습니까? (   )
① 쇳조각을 함부로 버렸다.
② 버려진 쇳조각을 주워 모았다.
③ 버려진 쇳조각을 친구에게 주었다.
④ 버려진 쇳조각으로 꽹과리를 만들었다.
⑤ 버려진 쇳조각을 어머니에게 가져다 드렸다.

3 이 글의 내용으로 보아, 티끌이 '쇳조각'이라면 태산은 무엇인지 쓰시오.

속담의 뜻을 찾아라!

1 속담에 알맞은 뜻을 찾아 선으로 연결하시오.

(1) 소 잃고 외양간 고친다. • • ㉠ 일을 그르치고 난 뒤에 후회하지 말고 미리미리 준비해야 한다.

(2) 세 살 적 버릇이 여든까지 간다. • • ㉡ 서두르지 않고 차근차근 준비하면 무엇이든 할 수 있다.

(3) 천릿길도 한 걸음부터. • • ㉢ 공교롭게 우연의 일치로 어떤 일이 일어나 의심을 받게 됨.

(4) 까마귀 날자 배 떨어진다. • • ㉣ 어릴 때의 버릇이 평생 간다.

2 만화 속 남자아이에게 알맞은 속담을 쓰시오.

02 이야기 속에 깨달음이 있다

읽기 | 교과서 111~113쪽 | 학습 목표 : 이야기를 읽고, 깨달은 점을 생각할 수 있다.

염소 두 마리

🌱 **글의 종류** 이솝 우화
🌱 **중심 글감** 자기 생각만 하지 말고 서로 양보하자.

시원한 바람이 산들산들 부는 어느 날이었습니다. 흰 염소가 둑길을 따라가면서 풀을 뜯어 먹고 있었습니다.

'어라, 여기에 통나무 다리가 있네. 와, 다리 밑을 흐르는 냇물이 무척 깊구나. 저 건너편에는 어떤 맛있는 풀이 있을까? 그래, 한번 가 보자.'

흰 염소는 통나무로 된 외나무다리를 뚜벅뚜벅 건너기 시작하였습니다.

"어!"

맞은편에서도 검은 염소 한 마리가 외나무다리를 건너오고 있었습니다. 마침내 염소 두 마리는 외나무다리 한가운데에서 딱 마주쳤습니다. 외나무다리는 폭이 너무 좁아 서로 비켜 갈 수 없었습니다.

"저리 비켜. 내가 먼저 올라왔어."

"아냐, 내가 먼저 올라왔어. 그러니까 네가 비켜."

고집이 센 흰 염소와 검은 염소는 서로 비키려고 하지 않았습니다. 결국 흰 염소와 검은 염소는 외나무 다리 밑에서 뿔을 맞대고 싸우기 시작하였습니다. 한참 동안 서로 밀고 밀리며 싸웠습니다.

"앗!"

흰 염소와 검은 염소는 그만 다리에서 미끄러져 물에 풍덩 빠지고 말았습니다.

'아, 내가 먼저 비켜 줄걸……'

'아, 내가 먼저 비켜 줄걸……'

흰 염소와 검은 염소는 물에서 허우적거리며 후회하였습니다.

34 초등 교과 논술 3-②

1 이 글을 읽고, 사건이 일어난 원인과 결과를 줄로 이으시오.

(1) 원인 •

(2) 결과 •

• ㉠ 염소 두 마리 다 다리에서 미끄러져 물에 빠졌다.

• ㉡ 염소 두 마리가 서로 고집을 부리고 먼저 건너가려 하였다.

2 이 글을 읽고, 깨달은 점은 무엇인지 쓰시오.

둘 다 힘을 빼요

1 다음 두 당나귀를 본 한 선비가 두 당나귀에게 《염소 두 마리》를 읽어 보라고 주었습니다. 선비가 두 당나귀에게 하고 싶은 말은 무엇인지 이야기해 보시오.

03 말과 행동을 보고 깨달음을 얻다

📖 읽기 　📚 교과서 118~120쪽 　| 학습 목표 : 이야기 속 인물의 말과 행동을 보고 깨달은 점을 말할 수 있다.

소를 탄 노인

🌿 **글의 종류** 전래 동화
🌿 **중심 생각** 겉모습을 보고 사람을 판단하면 안 된다.

① 맹사성은 언제나 겸손한 자세로 검소하게 살았던 분입니다. 임금을 옆에서 도와주는 '정승'이라는 높은 벼슬을 지낼 때도 비가 새는 초가집에 살았습니다. 그뿐만 아니라 허름한 옷을 입고 소를 타고 다녔습니다.

② 어느 날, 맹사성이 고향 마을에 가게 되었습니다. 정승인 맹사성이 마을에 온다는 소식을 들은 고향 마을의 원님은 길을 깨끗이 청소하였습니다. 그런 다음에 맹사성이 오기 전까지 다른 사람들이 다니지 못하게 막으며 맹사성이 오기만을 기다렸습니다.

③ 그때, 저쪽 길에서 ㉠**시끌벅적한 소리**가 들려왔습니다. 원님이 다가가 보니, 소를 탄 한 노인이 포졸과 실랑이를 벌이고 있었습니다. 번거로운 행차를 싫어하는 맹사성은 나이 어린 하인 한 명만 데리고 소를 타고 길을 나섰는데, 그 모양새가 영락없는 시골 노인이었습니다.

잔뜩 화가 난 ㉡**포졸은 맹사성을 알아보지 못하고** 고래고래 소리를 질렀습니다.

"감히 정승이 지나가시기도 전에 이 길을 지나가려고 하느냐?"

그러자 맹사성은 태연하게 말하였습니다.

"이것 보시오. 길은 사람이 다니라고 있는 것인데, 어찌하여 지나가지 못하게 하는 것이오?"

원님도 맹사성을 알아보지 못하고 큰 소리로 꾸짖었습니다.

"이 늙은이야, 정승이 오신다고 해서 잘 청소해 놓은 길이다. 네가 누군데 이 길을 먼저 지나가려고 하는 게냐?"

그 말을 들은 맹사성은 웃으며 원님에게 대답하였습니다.

"맹사성이 소를 타고 고향으로 가는 길이오."

그 말을 들은 원님과 포졸은 깜짝 놀라 얼굴을 붉히며 고개를 숙였습니다.

1 맹사성이 검소한 생활을 하는 사람임을 알 수 있는 생활 모습을 두 가지 고르시오. （　　　）

① 높은 벼슬을 지냈다.
② 화려한 옷을 입고 살았다.
③ 비가 새는 초가집에 살았다.
④ 허름한 옷을 입고 소를 타고 다녔다.
⑤ 언제나 옷을 깨끗하게 다려 입고 다녔다.

2 ㉠ '시끌벅적한 소리'는 어떤 소리인지 쓰시오.

_____

3 포졸이 ㉡과 같이 맹사성을 알아보지 못한 까닭은 무엇입니까? （　　　）

① 나이가 어려 보여서
② 겸손한 태도를 보여서
③ 맹사성과 얼굴이 달라서
④ 맹사성의 목소리가 아니어서
⑤ 겉모습이 초라한 시골 노인처럼 보여서

4 맹사성이 시골 노인의 모습이 아니라, 정승의 관복을 입고 있었다면 포졸이나 원님은 어떻게 하였을지 쓰시오.

_____

5 이 글에 나오는 원님과 포졸의 말과 행동을 보고, 깨달은 점을 이야기해 보시오.

※ 다음 글을 읽고, 물음에 답하시오.

　나는 어린 왕자가 떠나온 별이 소혹성 B612라고 믿을 만한 상당한 근거를 가지고 있다.
　그 혹성은 1909년에 터키 천문학자의 망원경에 딱 한번 잡힌 적이 있었다. 당시 그 학자는 '국제천문학회'에 나가 자신의 발견을 훌륭히 증명해 보였었다. 그러나 그가 입은 옷 때문에 아무도 그의 말을 믿지 않았었다. 어른들이란 모두 이런 식이다.
　그런데 그즈음 터키의 한 독재자가 국민들에게 유럽식 옷을 입지 않으면 사형에 처한다고 말했다. 이 일은 소혹성 B612호의 명성을 위해서는 다행스러운 일이었다. 그 천문학자는 1920년 매우 멋있는 옷을 입고   다시 나가 증명을 했다. 그러자 이번에는 모두들 그 학자의 말을 믿어 주었다.

— 생텍쥐페리, 《어린왕자》에서

1 처음에 사람들은 천문학자의 말을 믿지 않았다가 1920년에 다시 나가 증명을 하자 믿어 주었습니다. 사람들이 그 학자의 말을 믿어 준 까닭은 무엇인지 쓰시오.

_____

_____

2 사람의 겉모습만 보고 사람을 판단했던 경험이 있는지 이야기해 보시오.

기다리는 자에게 복이 있나니

※ 다음 글을 읽고, 물음에 답하시오.

1 농부가 벼를 쑤욱 잡아당긴 까닭은 무엇입니까?

_____

2 농부가 벼를 잡아당긴 뒤에 어떤 일이 일어났는지 쓰시오.

_____

3 이 만화가 전달하고자 하는 교훈은 무엇인지 말해 보시오.

옷아, 이것들은 네가 먹어야겠구나

한 검소한 학자가 있었다. 어느 날 이 학자는 장관이 여는 파티에 초대를 받아 평소 입었던 옷 가운데 깨끗하고 검소한 옷을 입고 집을 나섰다. 학자는 파티장 입구로 갔다. 그런데 문을 지키고 있던 사람이 옷이 허름하다는 이유로 학자를 못 들어가게 막았다. 학자는 아는 사람을 만나 겨우 파티장에 들어가게 되었지만 아무도 그에게 술을 권하거나 인사를 하지 않았다. 학자는 집으로 가서 좋은 옷으로 갈아입고 다시 파티장 입구로 갔다. 그러자 문지기가 공손하게 인사를 했다. 파티장에 들어서자 사람들이 학자에게 악수를 청하고 좋은 자리에 앉혔다. 비싼 술과 음식도 내주었다. 그때 학자가 옷을 벗어 술과 음식을 옷에 가져다 대며 말했다.

"옷아, 이것들은 네가 먹어야겠구나. 나를 보고 주는 음식이 아니라 널 보고 주는 음식이니 말이다."

옛 사람들의 지혜로운 삶

『사회』_ 3. 고장의 생활과 변화

옛날과 오늘날의 옷, 음식, 집은 많이 다릅니다.
이 외에 또 무엇이 다를까요?

옛날과 오늘날 무엇이 다를까?

 사회　교과서 86~111쪽 | 학습 목표 : 옛날과 오늘날의 생활의 변화를 알 수 있다.

옛날의 의식주

옛날, 우리 조상들은 주로 한복을 입었는데 성별과 신분에 따라 입는 옷이 달랐어요. 양반은 주로 비단으로 지은 저고리, 치마, 바지, 도포 등을 입었고, 가죽신을 신었어요. 상민들은 무명으로 만든 저고리, 바지, 치마 등을 입고, 짚신을 신었지요.

그럼 우리 조상들은 어떤 집에서 살았을까요? 옛날 우리 조상들은 한옥에서 살았는데, 한옥은 지붕의 재료에 따라 초가집과 기와집으로 나누어져요. 초가집의 지붕은 짚을 얹어 만들고 기와집의 지붕은 기와를 얹어 만들어요. 초가집은 집의 규모가 작으며 주로 상민들이 살았고, 기와집은 집의 규모가 크며 주로 양반들이 살았지요. 초가집과 기와집은 집의 규모나 지붕은 달랐지만 온돌을 이용해 난방을 한다는 공통점이 있었어요.

마지막으로, 옛날의 식생활에 대해 알아볼까요? 옛날 우리 조상들은 주변에서 손쉽게 구할 수 있는 재료로 음식을 해 먹었어요. 그리고 계절에 맞는 음식을 먹었고, 명절이나 절기가 되면 그에 따른 음식을 먹었답니다.

1 다음은 김홍도의 풍속화입니다. 풍속화 속 사람들이 입은 옷을 보면 양반인지 상민인지 알 수 있습니다. 옷을 보고 신분을 알 수 있는 까닭은 무엇입니까? (　　　)

① 모두 한복을 입기 때문에
② 개성에 따라 입는 옷이 다르기 때문에
③ 신분에 따라 입는 옷이 다르기 때문에
④ 계절에 따라 입는 옷이 다르기 때문에
⑤ 성별에 따라 입는 옷이 다르기 때문에

2 오늘날 많은 사람들은 특별한 날에만 한복을 입습니다. 사람들이 한복을 즐겨 입지 않는 이유를 한 가지만 쓰시오.

3 다음 ㉠과 ㉡에 들어갈 알맞은 말을 쓰시오.

> 초가집은 ㉠ 을 얹어 지붕을 만들었으며 상민들이 주로 살았다. 기와집은 ㉡ 로 지붕이 만들어졌고, 양반들이 주로 살았다. 기와집은 집의 규모가 크고, 남자와 여자가 지내는 곳이 달랐다.

• ㉠ : (   )   • ㉡ : (   )

4 초가집과 기와집의 공통점 한 가지를 쓰시오.

5 다음 표를 보고 알 수 있는 사실은 어느 것입니까? (   )

봄	햇나물, 진달래 꽃전 등	여름	삼계탕 등
가을	국화전, 송편, 햅쌀밥 등	겨울	팥죽, 동치미 등

① 지역에 따라 먹는 음식이 달랐다.
② 신분에 따라 먹는 음식이 달랐다.
③ 밤낮에 따라 먹는 음식이 달랐다.
④ 계절에 따라 먹는 음식이 달랐다.
⑤ 성별에 따라 먹는 음식이 달랐다.

6 다음은 오늘날의 식생활 모습을 설명한 글입니다. 다음 글을 읽고, 옛날과 오늘날의 식생활 모습의 다른 점을 한 가지만 쓰시오.

> 오늘날에는 밥, 국, 김치, 고기, 라면, 채소, 빵 등 먹는 음식의 종류가 많아졌다. 그리고 햄, 통조림, 라면 등의 가공식품도 많이 먹고, 햄버거, 자장면, 카레, 피자, 스파게티 등의 다른 나라에서 들어 온 음식도 먹는다.

※ 다음 표를 보고, 물음에 답하시오.

옛날 도구	쓰임새	오늘날 모습
가마솥	밥을 짓거나 물을 데우는 데 사용되며 열을 골고루 전달해 주어 밥맛을 구수하게 만듦.	전기 압력 밥솥
옹기	음식이나 곡식을 저장하는 등 다양한 도구로 사용되며, 저절로 습도와 온도가 조절되어 음식의 맛과 신선함이 오래 보존됨.	김치냉장고
맷돌	돌의 마찰을 이용해 곡물을 가는 도구로, 믹서에 비해 영양소의 파괴가 적고, 음식 맛이 좋음.	믹서
빨랫방망이	빨래의 때를 빠지게 하는 도구로, 빨래를 두들길 때 생기는 공기 방울이 때를 밀어내어 때가 빠짐.	세탁기
화로	추운 겨울에 방 안을 따뜻하게 해 줌.	난로

7 도구의 발달이 생활 모습에 끼친 영향이 아닌 것은 어느 것입니까? (   )

① 생활이 편리해졌다.
② 일을 하는 데 힘이 적게 든다.
③ 여러 가지 일을 한꺼번에 할 수 있다.
④ 일을 하는 데 시간이 훨씬 더 많이 든다.
⑤ 생활의 여유가 생겨 문화생활을 할 수 있다.

8 다음 중 옛날 생활 도구의 원리와 그것을 이용해 만든 오늘날의 생활 도구가 바르게 짝지어진 것은 어느 것입니까? (   )

① 가마솥의 원리 – 믹서
② 화로의 원리 – 형광등
③ 맷돌의 원리 – 냉장고
④ 빨랫방망이의 원리 – 세탁기
⑤ 옹기의 원리 – 전기 압력 밥솥

9 옹기의 좋은 점을 한 가지만 쓰시오.

_____

10 오른쪽 사진의 생활 도구가 오늘날에는 어떤 생활 도구로 발전했는지 쓰고, 사진의 생활 도구가 오늘날 생활 도구보다 좋은 점 한 가지를 쓰시오.

(1) 오늘날 생활 도구 : _____

(2) 옛날 생활 도구의 좋은 점 : _____
_____

01 자연의 색을 입은 우리 조상

※ 다음 글을 읽고, 물음에 답하시오.

　염색약이나 물감이 없던 옛날 사람들은 모두 흰 옷만 입었을까요? 아니에요. 옛날 사람들도 알록달록 예쁜 색깔의 옷을 지어 입었어요. 색은 모두 자연에서 얻었지요. 자연에서 나고 자라는 열매나 꽃, 풀을 빻거나 끓여서 색을 얻는 거예요. 푸른색은 쪽이라는 풀에서 얻고, 붉은 색은 잇꽃이나 오미자에서 얻고, 노란 색은 치자에서 얻고, 갈색은 감에서 얻었답니다.

　자연에서 얻은 염료는 은은한 빛깔과 멋을 내어 보기에 좋을 뿐만 아니라 건강에도 좋았어요. 오미자로 염색한 옷은 여자의 몸을 따뜻하게 해 주는 효과가 있었고, 쪽으로 염색한 옷은 가려움을 없애 주고 벌레를 막는 데 효과가 있었어요. 그래서 장롱에 벌레가 들지 못하도록 쪽으로 염색한 천을 넣어 두기도 했답니다. 그리고 감물을 들여 만든 갈옷은 감에서 나온 타닌이라는 성분이 천을 코팅한 것처럼 만들어요. 그래서 물도 잘 스며들지 않고 몸에 붙지도 않고, 바람도 잘 통하지요. 게다가 갈옷은 색 또한 은은해서 많은 사람들이 즐겨 입었어요.

　이처럼 우리 조상들은 자연에서 얻은 색으로 곱게 물들인 옷을 입었답니다.

[천연 염색]

◯ 쪽 염색

◯ 치자 염색

◯ 감 염색(갈옷)

[천연 염색 재료]

| 감 | 치자 | 오미자 | 쪽 |

1 물감이 없던 옛날에 사람들은 옷을 물들이는 색깔을 어디에서 얻었는지 쓰시오.

_____

2 옛사람들은 다음 열매나 꽃으로부터 각각 어떤 색을 얻었는지 쓰시오.

| 갈색 | | | |

3 다음 왼쪽 사진의 열매로 물을 들인 옷을 무엇이라고 하는지 쓰고, 그 옷의 장점 한 가지를 쓰시오.

(1) 옷 이름 : _____

(2) 장점 : _____

_____

4 천연염료를 사용해서 옷을 지으면 어떤 점이 좋을지 한 가지만 쓰시오.

_____

02 천 년의 지혜가 담긴 온돌

※ 한옥 마을에 간 봉달이와 아버지의 대화를 보고, 물음에 답하시오.

봉달 : 아버지, 한옥은 문이 많아서 겨울에 무척 춥겠어요.

아버지 : 그래, 한옥은 우리가 사는 아파트처럼 집 전체가 따뜻하지는 않지. 하지만 방바닥을 뜨끈뜨끈하게 해 주는 온돌이 있어서 겨울도 거뜬히 날 수 있단다.

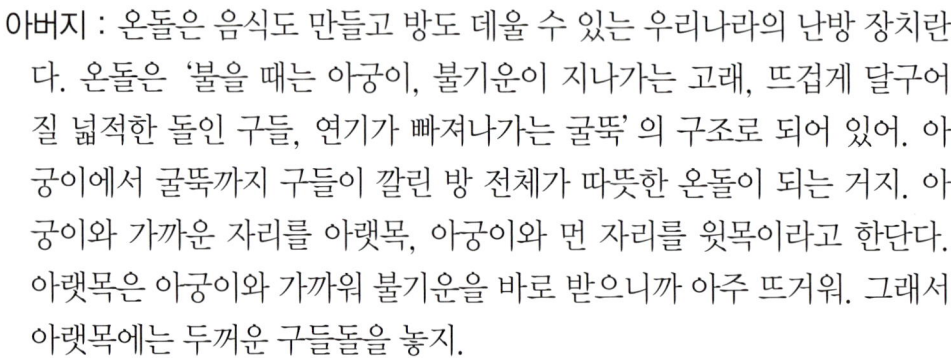

봉달 : 아버지, 온돌이 뭐예요?

아버지 : 온돌은 음식도 만들고 방도 데울 수 있는 우리나라의 난방 장치란다. 온돌은 '불을 때는 아궁이, 불기운이 지나가는 고래, 뜨겁게 달구어질 넓적한 돌인 구들, 연기가 빠져나가는 굴뚝'의 구조로 되어 있어. 아궁이에서 굴뚝까지 구들이 깔린 방 전체가 따뜻한 온돌이 되는 거지. 아궁이와 가까운 자리를 아랫목, 아궁이와 먼 자리를 윗목이라고 한단다. 아랫목은 아궁이와 가까워 불기운을 바로 받으니까 아주 뜨거워. 그래서 아랫목에는 두꺼운 구들돌을 놓지.

봉달 : 그런데요 아버지, 방이 계속 뜨거우려면 아궁이에 계속 불을 때야겠네요. 안 그러면 바닥이 차가워지잖아요.

아버지 : 한 번 뜨거워진 돌은 오랫동안 열을 간직하기 때문에 금방 식지 않아. 그래서 한 번 불을 때면 오랫동안 방바닥이 따뜻하단다.

봉달 : 아! 그렇군요. 그런데 어떻게 돌을 데워서 난방을 할 생각을 했을까요?

아버지 : 그건 오랜 시간 동안 쌓인 지혜로 알아낸 거란다. 옛날에 우리 조상들이 움집에 살 때 화덕이라는 게 있었어. 화덕에 불을 지펴 음식도 하고 집도 따뜻하게 했지. 그런데 어느 날 화덕 주위에 놓은 돌이 불이 꺼진 뒤에도 따뜻하다는 것을 발견한 거야. 이런 경험으로 우리 조상들은 물체 중 돌이 가장 천천히 식는다는 것을 알게 되었고, 그 뒤 돌을 난방 재료로 쓰게 된 거란다.

봉달 : 우아, 정말 수천 년 지혜가 담긴 돌이네요.

아버지 : 그렇지. 이렇게 오랜 지혜가 담긴 우리의 온돌을 최근에는 서양 건축가들도 최고의 난방 시설로 인정하고 있단다.

1 다음 중 온돌에 대한 설명으로 바르지 <u>않은</u> 것은 어느 것입니까? (   )

① 온돌에는 불을 때는 아궁이가 있다.
② 온돌에는 연기가 빠져나가는 굴뚝이 있다.
③ 아궁이와 가까운 쪽은 아랫목, 먼 쪽은 윗목이다.
④ 온돌은 방만 데울 수 있는 우리나라의 난방 장치이다.
⑤ 온돌은 한 번 뜨거워지면 오랫동안 열을 간직하는 돌의 성질을 이용했다.

2 다음 (   ) 안에 들어갈 알맞은 말을 쓰시오.

> 온돌은 (   )을 만들고, (   )도 데울 수 있는 우리나라의 난방 장치이다.

3 윗목보다 아랫목이 뜨거운 이유를 쓰시오.

_____

_____

4 외국인 친구에게 온돌을 소개한다고 생각하고, 온돌의 좋은 점 한 가지를 말해 보시오.

03 고추장 된장 간장

※ 다음 글을 읽고, 물음에 답하시오.

고추장

나는 대한민국 대표 매운맛, 고추장이야. 메주 가루에 찹쌀이나 보리로 지은 밥을 넣고 고춧가루를 섞어 버무리면 내가 되지. 나는 대한민국에만 있는 장이라는 자부심을 갖고 있어.

나는 암을 예방한다고 알려진 그 유명한 된장이야. 간장을 만들고 건져 낸 메주를 소금과 버무려 발효시키면 내가 되는데, 내가 생긴 건 이래도 단백질과 영양 덩어리라고. 고기가 귀했던 옛날엔 내가 정말 중요한 식품이었어. 물론 지금도 중요하지만.

된장

간장

나는 국이면 국, 찌개면 찌개, 볶음이면 볶음, 조림이면 조림 안 들어가는 데가 없는 간장이야. 잘 띄운 메주를 항아리에 넣고, 소금물을 넣어 발효시키면 까만 내가 되지. 숨쉬는 항아리에 나를 두면 시간이 갈수록 맛이 좋아진단다.

1 다음은 무엇에 대한 설명인지 쓰시오. (   )

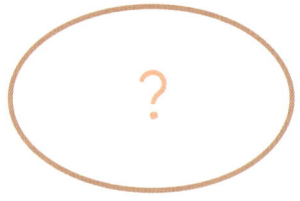

'밭에서 나는 고기'라고 불리는 콩을 삶아 빚은 거예요. 고추장과 된장, 간장은 모두 이것을 이용해 만든 발효 식품이지요.

2 '된장'의 우수성을 한 가지만 말해 보시오.

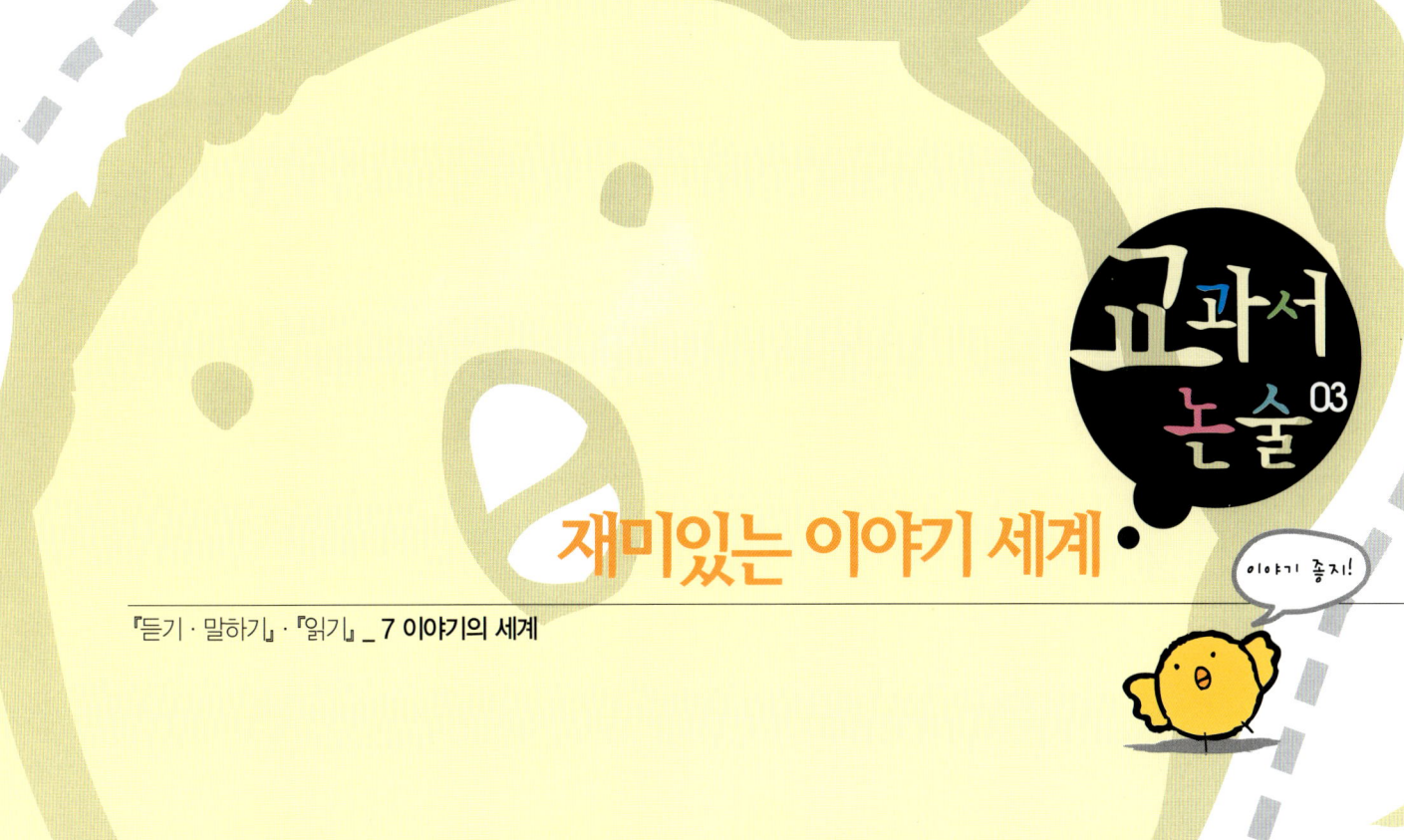

재미있는 이야기 세계

『듣기·말하기』·『읽기』_ 7 이야기의 세계

교과서 논술 03

이야기 좋지!

01 등장인물의 흉내를 내 봐요

1 장면 ①에 어울리는 훈장님의 몸짓과 말투는 어느 것입니까? ( )

① 엄지손가락을 빨며 가는 목소리로
② 당황스러운 표정을 지으며 밝은 목소리로
③ 두 손을 깍지 끼고 귀엽고 명랑한 목소리로
④ 팔자걸음을 하며 점잖고 엄한 목소리로 천천히
⑤ 얼굴이 붉으락푸르락해지며 몹시 화가 난 목소리로

2 훈장님이 제자들에게 어떤 거짓말을 하였는지 쓰시오.

_____

3 벽장 속에 든 것이 꿀이라는 것을 눈치 챈 덕재는 친구와 함께 꿀을 먹고 어떤 꾀를 내었는지 쓰시오.

_____

열린 교과서

1 등장인물들의 말투, 표정, 몸짓을 흉내내며 다음 대화 글을 읽어 보시오.

- 도령 : (양손을 내저으며 근심스러운 목소리로 빠르게) 안 돼. 그만해. 먹으면 죽는다고 하셨어. 난 친구가 죽는 건 볼 수 없어!
- 훈장님 : (연적 조각을 들고 속상해하다가 버럭 소리를 지르며) 내 연적, 내 연적이? 내 가보가……. 아이고! 너, 너로구나? 너지? 너지?
- 덕재 : (무릎을 꿇고 울상이 되어 기어들어가는 목소리로) 청소를 하다가 스승님께서 아끼시는 연적을 깨뜨리는 죽을죄를 지었습니다. 그래서 먹으면 죽는다는 이 약을 다 먹었는데 죽지를 않아요. (흑흑) 스승님, 죽을죄를 지었습니다.

02 일이 일어나는 차례 따라 읽어요

읽기 | 교과서 128~129쪽 | 학습 목표 : 일이 일어나는 차례에 따라 이야기를 간추릴 수 있다.

주먹이의 모험

🌿 글의 종류 이야기글
🌿 글의 특징 시간의 흐름에 따라 진행되는 이야기

옛날, 어느 마을에 한 부부가 살았습니다. 이 부부에게는 키와 몸집이 아주 작아 '주먹이'라고 불리는 아들이 있었습니다.

㉠<u>어느 이른 새벽</u>, 주먹이는 낚시를 하러 가시는 아버지를 따라 길을 나섰습니다. 주먹이는 아버지가 낚시를 하는 동안 호주머니 안에서 바깥 구경을 하며 놀았습니다.

㉡<u>아침이 되자</u>, 아버지는 심심해하는 주먹이를 땅에 내려놓았습니다. 이때, 먹이를 찾던 솔개 한 마리가 주먹이를 낚아채 하늘 높이 올라갔습니다. ㉢<u>이 모습을</u> 본 독수리가 먹이를 빼앗으려고 솔개한테 달려들었습니다. 솔개와 독수리는 옥신각신하다가 그만 주먹이를 놓쳐 버렸습니다. 그 바람에 주먹이는 강으로 떨어졌습니다. 주먹이는 다른 물고기들 사이에서 헤엄을 쳤습니다.

㉣<u>한낮이 되었을 때</u>, 주먹이를 본 잉어 한 마리가 주먹이 쪽으로 헤엄쳐 왔습니다. 잉어는 주먹이를 먹이로 생각하고 냉큼 삼켜 버렸습니다. 주먹이는 잉어 뱃 속에서 빠져나가려고 하였지만 너무 좁아서 꼼짝할 수가 없었습니다. 그래서 주먹이는 잉어 뱃 속에서 아버지를 소리쳐 불렀습니다.

㉤<u>저녁 무렵</u>, 주먹이를 삼킨 잉어는 주먹이 아버지가 낚시를 하고 있는 강가로 오게 되었습니다. 아버지는 주먹이가 부르는 소리를 듣고 얼른 잉어를 낚아 올렸습니다. 그리고 잉어 뱃 속에서 주먹이를 꺼냈습니다.

1 주먹이의 이름이 '주먹이'인 까닭은 무엇입니까? ( )

① 단단해서 ② 못생겨서
③ 덩치가 커서 ④ 키와 몸집이 작아서
⑤ 꾀가 많고 말을 잘해서

2 아버지가 주먹이를 땅에 내려놓은 뒤에 주먹이에게 일어난 일이 아닌 것은 어느 것입니까? ( )

① 솔개에게 잡혀 갔다.
② 호주머니에서 놀았다.
③ 잉어의 먹이가 되었다.
④ 다른 물고기들 사이에서 헤엄을 쳤다.
⑤ 독소리와 솔개가 싸우는 동안 강으로 떨어졌다.

3 ㉠~㉤ 중 시간을 나타내는 말이 아닌 것은 어느 것인지 기호를 쓰시오.

( )

4 〈주먹이의 모험〉을 시간 순서에 따라 정리하시오.

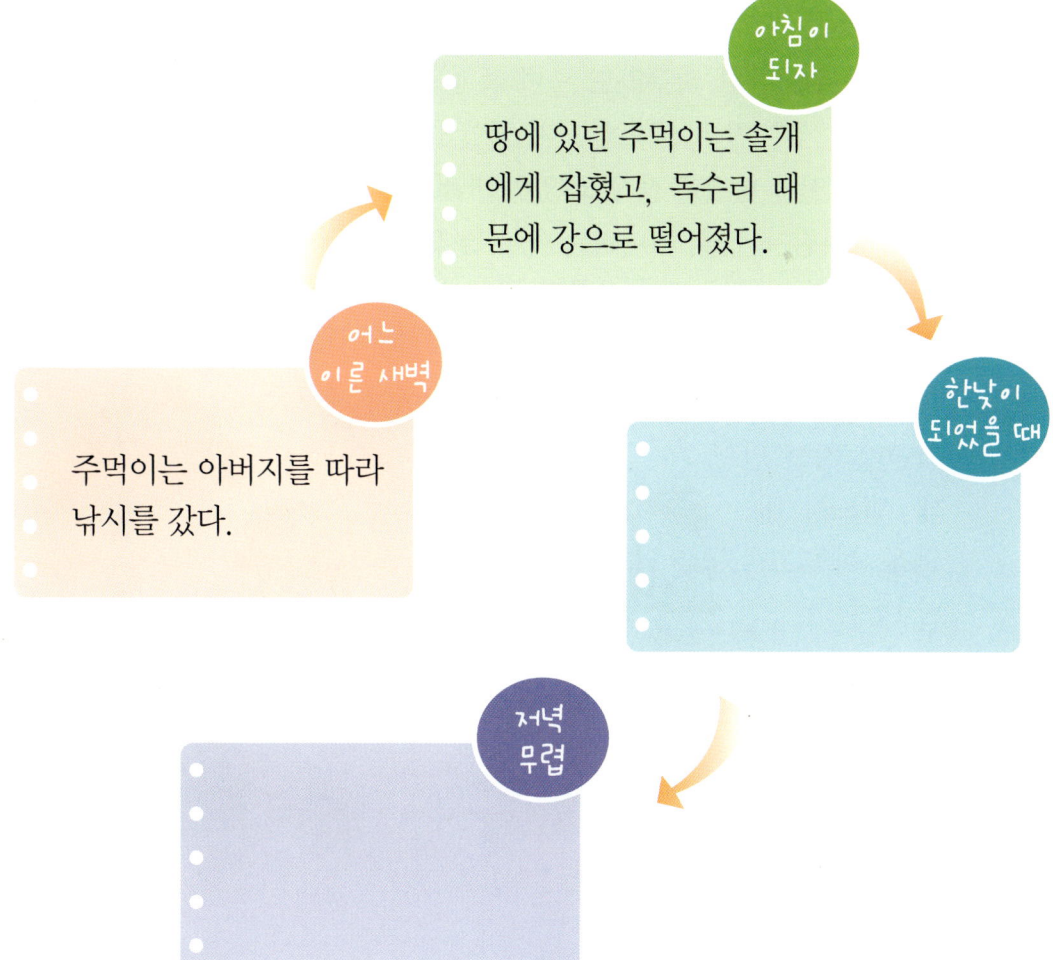

03 시간 따라 장소 따라 읽어요

읽기 | 교과서 130~133쪽 | 학습 목표 : 일이 일어나는 차례에 따라 이야기를 간추릴 수 있다.

방정환의 어린이 사랑

- 글의 종류 전기문
- 중심 글감 방정환
- 글의 특징 글 (가)는 시간의 순서대로 나타낸 글, 글 (나)는 장소의 변화로 나타낸 글

(가) 방정환은 그때 여섯 살이었습니다. 어린 방정환의 가슴 한구석에는 아무도 모르는 소원 한 가지가 있었습니다. 그것은 삼촌이 다니는 신식 학교를 구경하는 일이었습니다. 방정환은 신식 공부를 하는 삼촌이 부러웠습니다.

방정환이 열 살 되던 해에 집안에 어려운 일이 닥쳤습니다. 그래서 방정환의 가족은 집과 재산을 몽땅 잃고 말았습니다. 사업에 실패한 작은할아버지 대신 방정환의 아버지가 빚을 다 갚아 주었기 때문입니다. 간신히 이부자리와 솥만 들고 오막살이집으로 이사를 갔습니다.

그러던 어느 날, 느닷없이 누나의 결혼 이야기가 나왔습니다. 아마 집안 형편이 어려우니 한 식구라도 줄면 좀 나으리라고 생각하였던 모양입니다. 누나는 겨우 열두 살밖에 되지 않았지만 어른들의 뜻에 잘 따랐습니다. 어려운 집안 형편을 잘 알고 있었던 것입니다.

누나가 시집가는 날, 어머니는 아무 말 없이 눈물만 흘렸습니다. 방정환은 누나가 탄 가마가 멀리 사라질 때까지 창문 옆에 숨어 울면서 바라보았습니다. 그러다가 울음을 뚝 그치고 다짐하였습니다.

'이래선 안 돼! 이럴수록 마음을 굳게 먹어야 해. 가난에 져선 안 돼. 반드시 내 꿈을 이루고 말 테다.'

1 방정환이 여섯 살 때 아무도 모르게 키운 소원 한 가지는 무엇입니까? (   )

① 삼촌을 미워한 일
② 삼촌 학교에 몰래 간 일
③ 삼촌 방에서 공부하는 일
④ 삼촌처럼 오막살이집을 떠나는 일
⑤ 삼촌이 다니는 신식 학교를 구경하는 일

2 누나가 어른들의 뜻에 따른 까닭은 무엇인지 쓰시오.

_____

3 누나가 시집가던 날 방정환은 어떤 다짐을 하였는지 쓰시오.

_____

4 글 (가)를 시간의 순서에 맞게 정리한 것은 어느 것입니까?   (   )

① 삼촌을 부러워 함 ➡ 누나가 시집을 감 ➡ 오막살이 집으로 이사를 감.
② 누나가 시집을 감 ➡ 삼촌을 부러워 함 ➡ 오막살이 집으로 이사를 감
③ 오막살이 집으로 이사를 감 ➡ 삼촌을 부러워 함 ➡ 누나가 시집을 감
④ 삼촌을 부러워 함 ➡ 오막살이 집으로 이사를 감 ➡ 누나가 시집을 감
⑤ 오막살이 집으로 이사를 감 ➡ 누나가 시집을 감 ➡ 삼촌을 부러워 함

03 시간 따라 장소 따라 읽어요

(나) 청년이 된 방정환은 일본으로 공부를 하러 갔습니다. 일본에서 방정환은 어떻게 하면 어린이를 위한 일을 할 수 있을까 궁리하였습니다. 그러던 중에 어린이를 위할 줄 모르는 어른들을 깨우치기 위하여 일본의 한국 유학생들과 '색동회'를 만들었습니다.

그 뒤에 방정환은 서울로 다시 올라왔습니다. 서울로 돌아온 방정환은 《어린이》 잡지를 만들어 들고 동네마다 돌아다녔습니다. 어떻게 해서든 어린이들과 가까워지려고 넓은 마당에 어린이들을 모아 놓고 동화를 들려주기도 하였습니다.

방정환은 어린이들이 동화를 재미있게 듣는 것을 보고 좋은 생각이 떠올랐습니다. 그것은 바로 강당을 빌려 이야기를 들려주는 것이었습니다. 처음에는 동네 어린이 몇 명만 오더니 소문이 자꾸 퍼져 먼 데 사는 어린이들까지 이야기를 들으러 왔습니다.

이 소문은 인천까지 퍼졌습니다. 인천에서 사람이 찾아와 어린이들에게 동화를 들려 달라고 부탁하였습니다. 방정환은 어린이를 위한 일이라면 마다하지 않았습니다. 방정환은 인천에 가서 그곳 어린이들에게 이야기를 들려주었습니다. 이처럼 방정환의 어린이 사랑은 그칠 줄을 몰랐습니다.

5 일본으로 공부를 하러 간 방정환이 고민한 것이 무엇인지 쓰시오.

_____

_____

6 서울로 돌아온 방정환이 어린이들과 가까워지려고 한 일은 어느 것입니까? ( )

① 색동회를 만들었다.
② 동요를 불러 주었다.
③ 어린이들을 그려 주었다.
④ 어린이들을 모아 놓고 동화를 들려주었다.
⑤ 어린이들에게 재미있는 놀이를 가르쳐 주었다.

7 글 (나)에 나타난 장소의 변화를 정리해 보시오.

일본 ➡ ( ) ➡ ( )

바흠의 일생

※ 다음 글을 읽고, 물음에 답하시오.

    바흠이라는 농부가 있었습니다. 소작인인 바흠은 조금의 땅만 있다면 아무 것도 부럽지 않고 악마도 무섭지 않을 거라 말했습니다. 바흠의 말을 들은 악마는 "좋아. 너에게 충분한 땅을 주지. 땅으로 널 이기고 말겠어"라고 말했습니다. 악마의 도움으로 땅을 갖게 된 바흠은 소작인일 때의 소박한 마음을 잃고 점점 더 땅에 욕심을 냈습니다. 바흠은 그가 소작인일 때 그렇게 미워하던 지주와 똑같은 모습으로 변해 갔습니다.

    바흠은 1,000루블만 있으면 기름진 땅을 원하는 만큼 가지게 해 주는 촌장이 있다는 소문을 듣고 그를 찾아갑니다. "평생 넓고 기름진 땅을 갖는 것이 소원입니다." "1,000루블을 내면 네가 밟은 모든 땅을 다 네게 주겠다. 단 해가 떨어지기 전까지 이 자리로 다시 돌아와야 한다. 해가 떨어질 때까지 이 자리로 돌아오지 못하면 너는 땅을 하나도 가지지 못한다"

    바흠은 많은 땅을 차지해야 하는 생각에 걷고 또 걸었습니다. '조금만 더 조금만 더' 하며 욕심을 내는 사이 해는 지기 시작했고, 바흠은 그때에야 돌아서서 출발 지점을 향했습니다. 바흠은 너무 많이 걸어 지쳤지만 '해지기 전에 해지기 전에' 하며 계속 걸었습니다. 바흠은 겨우겨우 출발 지점에 도착해 그 자리에서 푹 쓰러집니다. 바흠은 "이 넓은 땅이 모두 당신 것이오." 하는 말을 듣자마자 그 자리에서 피를 토하고 죽었습니다. 그가 차지한 땅은 머리에서 발끝까지 3아르신(1아르신은 약 70㎝)의 무덤뿐이었습니다.

- 톨스토이, 《사람에겐 얼마만큼의 땅이 필요한가》

1 소작인이었던 바흠은 조금의 땅만 있다면 어떠할 거라고 말하였나요?

2 악마의 도움으로 땅을 갖게 된 바흠은 어떻게 변해 갔나요?

_____

3 촌장은 바흠에게 어떻게 하면 기름진 땅을 원하는 만큼 가질 수 있다고 하였는지 쓰시오.

_____

_____

4 일이 일어난 순서에 따라 기호를 쓰시오.

㉠ 악마의 도움으로 땅을 갖게 됨.
㉡ 기름진 땅을 얻기 위해 1,000루블을 내고 욕심을 내어 걸음.
㉢ 소작농으로 조금의 땅만 있으면 부러울 것이 없다고 생각하며 살아감.
㉣ 피를 토하고 죽어 3아르신의 무덤에 묻힘.
㉤ 1,000루블만 있으면 기름진 땅을 가지게 해 준다는 촌장을 찾아감.

(　　) ➡ (　　) ➡ (　　) ➡ (　　) ➡ (　　)

영재클리닉 02

날씨와 생활

거문고가 날씨를 안다고?

『과학』_ 4 날씨와 우리 생활

조선 시대 궁궐에는 날씨를 예측하여 알려 주는 궁녀가 있었어요.
그런데 그 궁녀는 거문고로 날씨를 예측했다고 해요. 어떻게 거문고로 날씨를 예측했을까요?

오늘의 날씨는 어떠한가요?

과학 | 교과서 128~153쪽 | 학습 목표: 날씨와 우리 생활의 관계를 알 수 있다.

※ 다음 글을 읽고, 물음에 답하시오.

온도와 기온

차갑고 따뜻한 정도를 숫자로 나타낸 것을 '온도'라고 하고, 공기의 온도를 '기온'이라고 합니다. 기온이 낮으면 날씨가 시원하거나 춥고, 기온이 높으면 날씨가 따뜻하거나 덥습니다.

기온은 재는 장소에 따라 달라지고, 같은 장소에서도 높이에 따라 달라지므로 일정한 조건을 갖춘 백엽상에서 잽니다. 그리고 기온은 햇빛을 많이 받을수록 높아지고, 햇빛을 적게 받으면 낮아집니다.

기온은 아침에는 낮았다가 점점 높아져서 한낮에 가장 높고, 저녁이 되면 다시 낮아집니다.

1 다음 (   ) 안에 공통으로 들어갈 말은 무엇인지 쓰시오.   (   )

- 냉장고의 냉동실 (   )는 영하 10℃이다.
- 온수기 물의 (   )는 40℃이다.

2 다음은 여러 곳의 기온을 비교한 표입니다. 이 표를 보고 알 수 있는 사실은 어느 것입니까?   (   )

기온이 낮은 곳	기온이 높은 곳
운동장 나무 그늘	운동장 가운데
복도 쪽 창가	햇빛 비치는 창가
교실 안	교실 밖
교실 바닥	교실 천정

① 교실 안이 바깥보다 기온이 더 높다.
② 교실 안이 바깥보다 기온이 더 낮다.
③ 같은 장소라도 위쪽의 기온이 더 낮다.
④ 복도 쪽 창가가 햇빛 비치는 창가보다 기온이 더 높다.
⑤ 햇빛 비치는 창가가 복도 쪽 창가보다 기온이 더 낮다.

※ 다음 자료를 보고, 물음에 답하시오.

구름 관찰하기

구분	뭉게구름	소나기구름	새털구름	비구름
모습				
구름의 양	작은 구름이 뭉게뭉게 모여 있음.	좁은 지역에 큰 구름이 모여 있음.	아주 작은 구름들이 모여 있음.	구름의 양이 많이 쭉 깔림.
모양	양 떼 모양	큰 산봉우리 모양	깃털 모양	특별한 모양이 없음
색깔	흰색	회색이나 검은색	흰색	회색이나 검은색

3 왼쪽 구름에 대한 설명으로 바르지 <u>않은</u> 것은 어느 것입니까?   (   )

① 뭉게구름이다.
② 하얀 색깔의 구름이다.
③ 양 떼 모양의 구름이다.
④ 소나기가 올 때 보이는 구름이다.
⑤ 작은 구름이 뭉게뭉게 모여 있다.

4 구름의 양과 날씨의 관계를 표로 살펴보고, 다음 일기예보에서 울릉도의 날씨가 어떠한지 쓰시오.

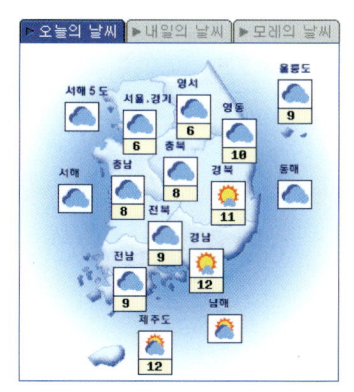

(   )

※ 다음 자료를 보고, 물음에 답하시오.

신문 속의 날씨

① **전체 예보** : 전국의 날씨를 간단히 설명합니다.

② **풍향과 풍속** : 바닷가에서의 바람의 방향과 세기를 나타냅니다.

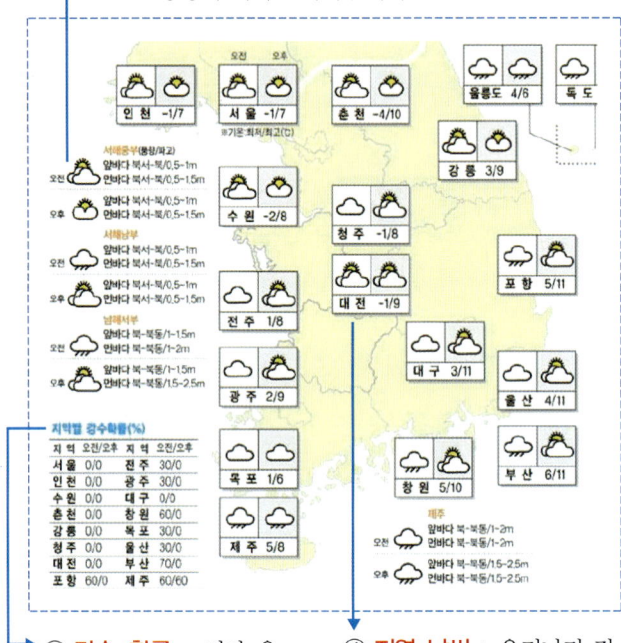

③ **강수 확률** : 비가 올 것에 대한 예상을 숫자로 나타냅니다.

④ **지역 날씨** : 우리나라 각 지역의 날씨와 최고, 최저 기온이 나타나 있습니다.

⑤ **주간 날씨** : 일주일 동안의 날씨와 예상 기온을 예보합니다.

⑥ **생활 지수** : 생활과 관련지어 날씨를 예보합니다.

5 왼쪽의 전체 예보를 통해 알 수 있는 동해안의 날씨를 쓰시오.

6 서울에서 지방으로 여행을 가려고 할 때, 신문의 날씨 정보란에서 살펴봐야 할 정보는 무엇입니까? ( )

① 생활 지수 ② 지역 날씨 ③ 해 지는 시각
④ 오늘의 날짜 ⑤ 해 뜨는 시각

7 일주일 동안의 날씨 변화를 찾아보려고 할 때, 신문의 날씨 정보란에서 살펴봐야 할 정보는 무엇인지 쓰시오.

8 날씨를 미리 알면 좋은 점을 두 가지만 쓰시오.

01 날씨 따라 달라지는 기분과 건강

※ 다음 글을 읽고, 물음에 답하시오.

불쾌 지수와 식중독 지수

불쾌 지수 : 불쾌 지수는 습도와 기온, 햇빛의 양 등에 따라 기분이 얼마나 불쾌한지를 나타내는 지수예요. 불쾌 지수는 '습도'가 높을수록 높기 때문에 습도가 낮은 봄, 가을, 겨울보다 덥고 습도가 높은 여름에 가장 높답니다. 불쾌 지수가 80인 경우에는 두 명 중에 한 명이 불쾌함을 느끼고, 83이상이면 대부분의 사람이 불쾌함을 느낀다고 합니다.

식중독 지수 : 식중독 지수는 부패 지수라고도 하는데, 기온과 습도에 의해 음식물이 썩는 정도와, 음식물이 썩어서 식중독을 일으키게 하는 정도를 나타낸 지수입니다. 식중독 지수가 35~50이면 6~11시간 이내에 식중독이 발생할 우려가 있으므로 식중독 주의를 예보하고, 지수가 50 이상이면 4~6시간 이내에 식중독이 발생할 우려가 있으므로 식중독 경고를 예보합니다.

1 불쾌 지수가 가장 높은 계절은 언제인지 쓰고, 불쾌 지수가 높은 까닭도 쓰시오.

(1) 불쾌 지수가 높은 계절 : (　　　　　)

(2) 불쾌 지수가 높은 까닭 : _____

2 다음 지도와 표를 보고, 울릉도와 제주도 중 어느 지역이 불쾌 지수가 더 높은지 쓰시오.

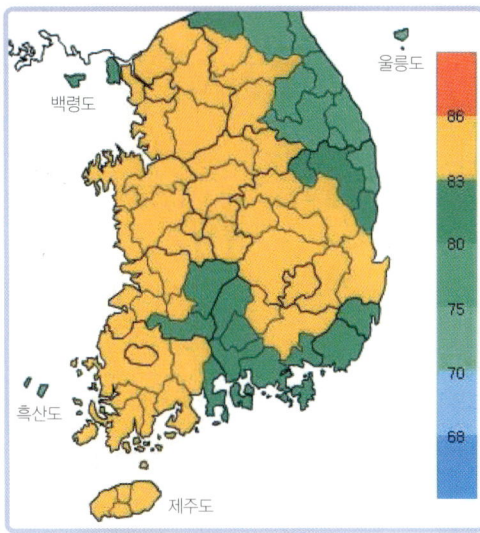

지수	불쾌를 느끼는 정도
86	매우 불쾌
83	전원 불쾌
80	50% 정도 불쾌
75	10% 정도 불쾌
70	불쾌를 나타냄
68 이하	전원 쾌적

3 다음 지도를 보고, ▨으로 된 지역과, ▨으로 된 지역 중 음식물이 빨리 부패하는 지역은 어디인지 말하고, 그렇게 생각하는 까닭을 말하시오.

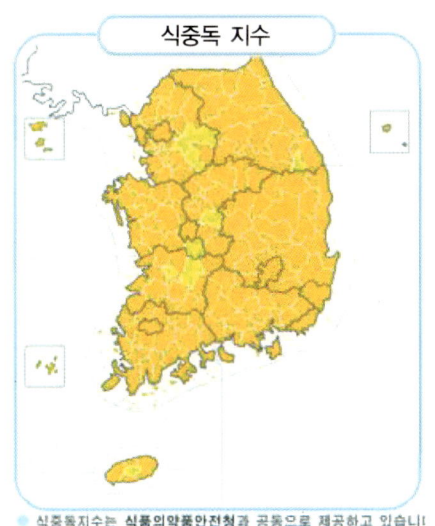

단계	설명 및 주의사항
위험(85이상)	3~4시간내 부패 음식물 취급 극히 주의 식중독 위험
경고(50~85)	4~6시간내 부패 조리 시설 취급 주의 식중독 경고
주의(35~50)	6~11시간내 식중독 발생 우려 식중독 주의
관심(35이하)	식중독 발생 우려 음식물 취급 주의

02 속담 보면 날씨를 알 수 있다

일기 예보가 없었던 옛날에 사람들은 다가올 날씨를 어떻게 예측했을까요? 예부터 일기와 관련된 많은 속담이 전해 오는데, 일기 속담은 오랜 기간의 생활 경험을 바탕으로 한 것이어서 잘 들어맞습니다. 조상들의 지혜가 깃들어 있는 날씨 관련 속담들을 통해 날씨를 알아맞히는 방법을 배워 봅시다.

청개구리가 낮은 곳에 있으면 날씨가 맑다

청개구리의 피부는 습도에 매우 민감해서 공기가 건조해지는 맑은 날에는 습기가 많은 낮은 곳으로 간대. 그래서 청개구리가 낮은 곳에 있으면 날씨가 맑다고 하는 거야.

제비가 낮게 날면 비가 온다

비가 오면 작은 곤충들은 날개가 무거워서 잘 날지 못해. 그래서 날씨가 흐려지고 비가 오려고 하면 땅바닥 가까운 낮은 곳으로 내려가게 되지. 그러니까 비가 오면 곤충을 잡아먹고 사는 제비도 곤충이 많은 땅바닥 가까이로 나는 거야.

개미가 줄을 지어 지나가면 비가 온다

개미는 습도의 변화에 민감하기 때문에 비가 올 것 같으면 개미집에 있는 알이나 애벌레를 물고 안전한 풀숲을 찾아 이동을 해. 그래서 개미가 줄을 지어 지나가면 비가 오거나 구름이 끼는 경우가 많지.

1 날씨가 맑은 날 청개구리가 낮은 곳에 있는 까닭은 무엇인지 쓰시오.

_____

_____

_____

2 비가 오면 날벌레들이 잘 날지 못하는 까닭은 무엇인지 쓰시오.

_____

_____

3 제비가 낮게 날고, 개미가 줄을 지어 지나가는 날의 날씨는 어떠할지 예상하여 쓰시오.

제비가 낮게 날고, 개미가 줄을 지어 지나가는 날에는

_____

03 기분을 날씨로 표현할 수 있다

동이의 일기

　오늘의 기분은 날씨를 알 수 없는 장마철처럼 오락가락했다. 아침에는 아빠 구두를 닦아 드리고 용돈을 받아서 해가 쨍하고 나는 맑은 기분이었다. 그런데 수업 중에 친구하고 떠들다가 벌을 받으면서 먹구름이 끼기 시작했다. 그리고 숙제 검사를 할 때 숙제 공책을 안 가지고 온 것을 알았을 땐 눈과 비를 동시에 맞은 것 같은 기분이었다.

　수업을 마치고 친구들이 효리네 집으로 놀러 가자고 해서 갔는데, 신발을 벗으려고 보니 양말을 짝짝이로 신은 것이다. 한쪽은 흰색, 한쪽은 파란색으로 말이다. 내가 좋아하는 효리에게 짝짝이로 신은 양말을 보여줄 걸 생각하니 번개가 치는 것 같았다. 그런데 그때 효리가 내 양말을 보고, 이렇게 말했다.

　"동이는 양말도 참 재미있게 신는구나. 나도 내일은 그렇게 신어 봐야지."

　그 말을 듣는 순간 다시 해가 쨍하고 뜨는 것 같았다.

1 동이와 같이 날씨 기호를 이용해서 오늘의 일기를 쓰시오.

지킬 것은 지키자!

『쓰기』_ 6. 좋은 생각이 있어요

휴대 전화를 사용할 때도 몸에 해로운 담배를 피울 때처럼 경고문이 들어갔으면 좋겠어요. 어떤 내용을 쓰면 좋을까요? 빈칸에 써 보시오.

사실과 의견 찾기

✏️ 쓰기 📖 교과서 206~209쪽 | 학습 목표 : **사실과 의견이 잘 드러나게 주장하는 글을 쓰는 방법을 알 수 있다.**

※ 다음 글을 읽고, 물음에 답하시오.

주인을 찾아 주세요

　우리 학교 방송실 옆에는 분실물 보관소가 있습니다. 우리 학교 학생들이 잃어버린 물건을 잘 찾아가는지 알아보기 위하여 분실물 보관소를 찾아갔습니다.

　그곳에는 주인 이름이 없는 신발, 옷, 우산 등이 있었습니다. 그곳에 있는 방송부 학생의 말에 따르면, 주인을 찾지 못한 물건이 날이 갈수록 늘어나고 있다고 합니다.

　어린이 여러분! 자기 물건을 소중히 다루어 더 이상 잃어버린 물건이 쌓이지 않도록 합시다.

3학년 어린이 기자 :
이은지, 곽유진

1 글쓴이가 조사한 사실과 글쓴이의 의견을 쓰시오.

사실	
의견	

※ 다음 공익 광고를 보고, 물음에 답하시오.

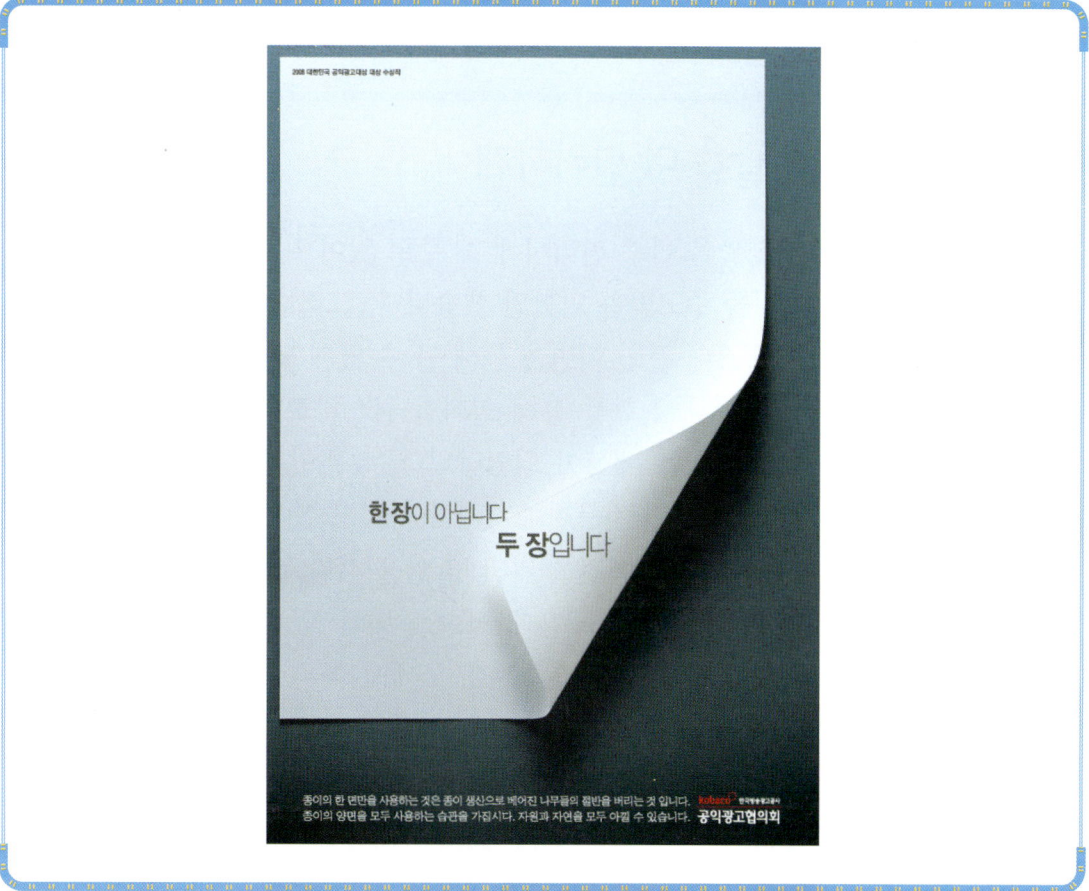

2 다음은 이 공익 광고에 적혀 있는 문구입니다. 이 문구를 사실과 의견으로 나누어 쓰시오.

> 종이의 한 면만을 사용하는 것은 종이 생산으로 베어진 나무들의 절반을 버리는 것입니다.
> 종이의 양면을 모두 사용하는 습관을 가집시다. 자원과 자연을 모두 아낄 수 있습니다.

사실	
의견	

01 지금은 휴대 전화 시대

※ 다음 글을 읽고, 물음에 답하시오.

휴대 전화로 생활을 더 편리하게

휴대 전화는 우리 생활을 아주 편리하게 해 주고 있어요. 휴대 전화는 처음에는 단순히 목소리를 주고받는 역할만 했습니다. 그러나 지금은 메일을 주고받고, 영화까지도 휴대 전화 화면을 통해 볼 수 있게 되었어요.

달리는 전철 안에서 휴대 전화를 통해 영화를 감상하고, 좋아하는 가수의 뮤직 비디오도 볼 수 있는 세상이 되었답니다. 그뿐인가요? 동전이 없어도 휴대 전화 하나만 있으면 자동판매기에서 커피도 뽑아 마실 수 있고, 집 밖에서 세탁기를 돌리고, 에어컨을 켜서 방 안을 시원하게 만들 수도 있어요. 전기 회사 아저씨들은 검침도 휴대 전화를 통해 할 수 있죠. 또 위성 추적 장치(GPS)와 연결해서 꽉꽉 막히는 도로에서 빠른 길을 찾아 씽씽 달릴 수 있도록 도와주기도 한답니다.

GPS는 길을 잃은 아이가 있는 곳의 정확한 위치까지도 추적해 알려 주어요. 휴대 전화가 지갑이 되는 전자 결제 서비스도 중요한 한 가지 기능으로 자리 잡아 가고 있습니다.

1 이 글에서 휴대 전화의 편리한 기능을 찾아서 써 보시오.

2 휴대 전화에 더 추가하고 싶은 기능을 이야기해 보시오.

※ 다음 글을 읽고, 물음에 답하세요.

휴대 전화의 전자파, 위험해요!

최근 휴대 전화의 전자파가 인체에 해롭다는 연구 결과들이 잇따라 나오고 있다. 어린이·청소년들이 오랜 시간 휴대 전화를 쓰면 중년 이후에 치매(알츠하이머)를 일으킬 수 있다는 연구 결과도 나왔다.

스웨덴 룬드대학의 리프 샐퍼드 교수 팀은 최근 발표한 논문에서 '휴대 전화의 전자파가 뇌의 학습·기억·운동 기능 담당 세포들을 파괴, 치매를 불러일으킬 수 있다.'고 경고했다. 연구 팀은 사람으로 치면 10대에 해당하는 12~26주 된 쥐들을 휴대 전화에서 나오는 것과 같은 세기의 전자파에 2시간 가량 노출시켰다. 그 결과, 50일 후 쥐 뇌세포의 상당 부분이 죽어 있는 것을 현미경을 통해 확인했다고 밝혔다. 아이들이 휴대 전화를 많이 사용할 경우에는 나쁜 영향을 미칠 수 있으므로 청소년의 휴대 전화 사용을 제한해야 한다.

– 『소년조선일보』 기사 중에서

3 어린 시절부터 휴대 전화를 쓰면 중년 이후에 어떤 병에 걸리기 쉽다고 했나요?

4 휴대 전화의 전자파가 사람의 뇌에 미치는 영향은 무엇인가요?

5 생활 속의 전자파의 피해를 줄일 수 있는 방법을 생각해 보시오.

02 휴대 전화, 꼭 필요해?

※ 다음 신문 기사를 읽고, 물음에 답하시오.

'어린이 휴대 전화 사용' 어떻게 생각하세요?

이번 「나의 생각」 주제는 '어린이 휴대 전화 사용'이었습니다. 이번 주제에 대해 모두 359명(찬성 168명, 반대 191명)의 어린이들이 자신의 생각을 글로 보내 왔어요. 우리 친구들이 어떤 생각을 가지고 있는지 의견을 들어 볼까요.

〈찬성 의견〉

얼마 전 놀러 갔다가 부모님과 헤어져 길을 잃었던 적이 있다. 그때 휴대 전화 덕분에 부모님을 찾을 수 있었다. 길을 잃거나 부모님과 떨어져 있을 때 휴대 전화가 있으면 찾기 쉬울 것이다. 어린이들에게도 긴급하고 중요한 일이 있을 수 있다. 이럴 때 휴대 전화는 유용하게 쓰인다.

이희은 (경남 진남초등 6년)

휴대 전화는 전화비가 많이 나오기 때문에 안 된다고 하지만 직접 써 보면 전화비를 절약하는 습관을 기를 수 있다. 또 어린이들은 전화 걸 때가 그렇게 많지 않기 때문에 전화비도 많이 나오지 않을 것이다.

조수호 (서울 고은초등 4년)

휴대 전화는 여러 가지로 편리한 기계이다. 언제 어디서든 누군가와 통화를 할 수 있고, 최신 정보를 찾아볼 수 있는 인터넷 접속도 가능하다. 공공 장소에서의 통화 예절만 잘 지킨다면 어린이들도 휴대 전화를 사용해도 괜찮다고 생각한다.

서준현 (서울 삼릉초등 5년)

〈반대 의견〉

학교나 학원 수업 중에 휴대 전화 벨 소리가 울려 수업에 방해가 될 때가 있다. 학교나 학원에 휴대 전화를 가지고 다니는 것은 다른 사람에게 피해를 주므로 휴대 전화를 사용하지 말아야 한다.

이원주 (인천 산곡남초등 4년)

휴대 전화의 전자파가 몸에 해롭다고 한다. 귀에 대고 통화하기 때문에 특히 머리에 안 좋다. 몸에도 좋지 않은 휴대 전화를 사용하는 것에 반대한다.
조윤정 (서울 삼릉초등 5년)

휴대 전화는 어린이들이 들고 다니기에는 요금이 너무 비싸다. 우리들의 용돈으로는 턱없이 부족하다. 우리나라처럼 학생들이 휴대 전화를 많이 들고 다니는 나라도 없을 것이다. 학생 분수에 맞지 않는 휴대 전화 사용은 자제해야 한다.
임효진 (부산 창신초등 5년)

-『소년조선일보』 중에서

1 친구들이 휴대 전화 사용을 찬성하는 이유는 무엇인지 써 보시오.

① 긴급하고 중요한 일이 있을 때 편리하게 사용할 수 있다.

②

③

2 친구들이 휴대 전화 사용을 반대하는 이유는 무엇인지 써 보시오.

① 학교나 학원 수업 중에 휴대 전화 벨 소리가 울려 수업에 방해가 된다.

②

③

03 지킬 것은 지키자!

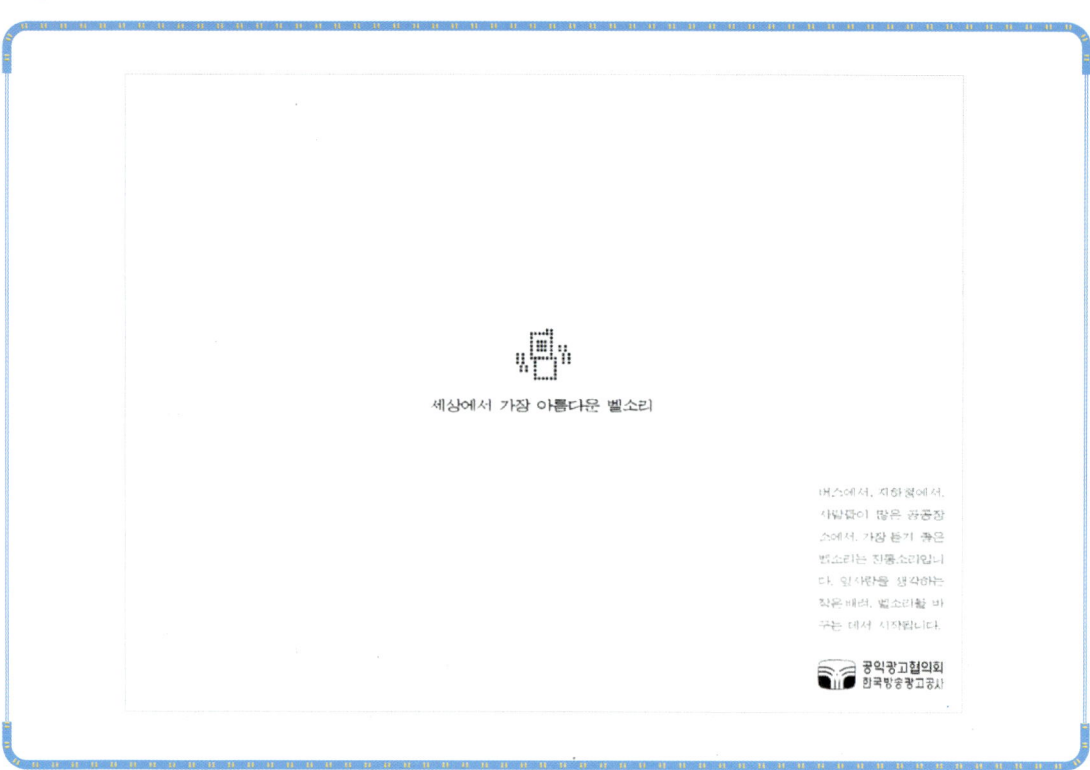

1 '세상에서 가장 아름다운 벨소리'는 무엇을 말하는 것인가요? 또, 그렇게 표현한 이유는 무엇인가요?

_____
_____
_____

2 이 공익 광고가 사람들에게 알리려고 하는 것은 무엇인지 써 보시오.

_____
_____

3 휴대 전화 때문에 기분 나빴던 경우가 있나요? 그때의 경험을 이야기해 보시오.

휴대 전화 꼭 필요할까요?

※ 어린이가 휴대 전화를 사용하는 것에 대한 자신의 생각을 논술하시오. (500자 내외)

신나는 논술

300

400

500

| 첨삭지도 | |

신통방통 서술형 논술형

국어 술술 사회 술술 과학 술술

신통방통!

05 알기 쉽게 차례대로

※ 다음 글을 읽고, 물음에 답하시오.

대한이와 예원이의 대화

1 대한 : 학교 정문 앞 횡단보도를 건너면 오른쪽에 문방구가 있지?
예원 : 응, 알아.
대한 : 그 문방구 골목으로 계속 걸어가면 놀이터가 나와.
예원 : 그다음에는?
대한 : 놀이터에서 왼쪽을 보면 세탁소가 있을 거야. 그 세탁소 바로 뒤에 있는 집이 우리 집이야.
예원 : 그래, 알았어.

2 대한 : 예원아, 어디쯤 왔니? 우리 모두 기다리고 있는데.
예원 : 늦어서 미안해. 놀이터까지는 왔는데 오른쪽에 세탁소가 보이지 않아.
대한 : 세탁소는 놀이터 왼쪽에 있어.
예원 : 아, 그랬구나. 간판이 보이지 않아서 몰랐어.
대한 : ㉠
예원 : 응.

1 글 **1**에서 예원이가 대한이의 안내를 잘 이해하고 있다는 것을 확인할 수 있는 말을 모두 찾아 쓰시오.

2 놀이터까지 온 예원이가 세탁소를 찾지 못한 까닭을 쓰시오.

3 ㉠ 에 들어갈 알맞은 말을 쓰시오.

※ 다음 글을 읽고, 물음에 답하시오.

> 1 남자는 우선 공수 자세로 손을 눈높이까지 올립니다. 그리고 몸을 굽히며 동시에 손을 앞으로 내려 방바닥을 짚고 절을 합니다. 절을 마치고 일어설 때에도 두 손을 눈높이까지 올렸다가 내립니다. 웃어른께는 언제 어디에서나 큰절을 하면 좋습니다.
>
> 2 ① 여자는 오른손을 왼손 위에 포개어 눈높이까지 들고 머리를 숙입니다.
>   ② 손을 눈높이로 든 채 몸을 서서히 낮춥니다.
>   ③ 몸을 앞으로 굽히며 머리를 숙였다가 일어섭니다.
>   ④ 양쪽 발목을 서로 포개어 앉습니다.

4 다음은 '공수 자세' 사진입니다. 사진을 보고, 공수 자세란 어떤 자세를 뜻하는지 쓰시오.

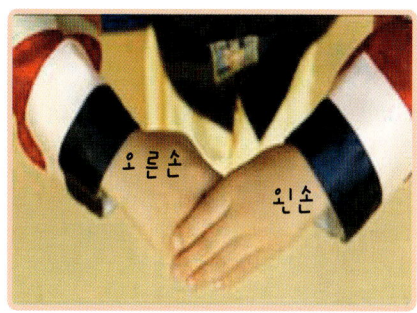

5 글 1에서 큰절하는 방법과 순서와 관련이 없는 내용을 찾아 쓰시오.

6 글 2에서 '큰절하는 방법'의 순서가 어떻게 잘못되었는지 쓰시오.

※ 다음 글을 읽고, 물음에 답하시오.

말하는 종이컵 인형 만들기

1 종이컵의 자를 부분에 연필로 대강 선을 긋습니다. 종이컵에서 종이가 겹쳐 있는 부분은 자르기 어렵기 때문에 이 부분을 제외하고, 종이컵의 반쯤 되는 부분에 선을 그으면 됩니다. 그리고 가위로 자릅니다.

2 종이컵에서 종이가 겹쳐 있는 부분의 안쪽에 나무젓가락을 놓고 셀로판테이프로 고정합니다. 종이가 겹쳐 있는 부분은 가위로 자르지 않았던 부분입니다.

3 나무젓가락과 같은 길이의 두꺼운 종이띠를 종이컵 위에 나무젓가락과 같은 방향으로 놓습니다. 그리고 종이컵의 바깥쪽 윗부분에 셀로판테이프로 붙입니다. 그러면 종이가 나무젓가락보다 위에 붙어 더 짧게 보입니다.

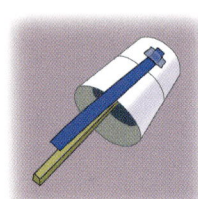

7 '말하는 종이컵 인형 만들기'를 크게 세 부분으로 나눌 때 **1**~**3**은 어느 부분인지 쓰시오.

재료 준비하기 → ⃝ → 놀이하기

8 종이컵을 자르고 나무젓가락을 고정하고 종이띠를 붙인 바로 다음에 할 일을 쓰시오.

9 종이컵 인형이 말하는 것처럼 움직이게 하는 준비물 두 가지는 무엇인지 쓰고, 말하는 것처럼 움직이게 하는 방법을 쓰시오.

(1) 준비물:

(2) 움직이게 하는 방법:

06 좋은 생각이 있어요.

※ 다음 그림을 보고, 물음에 답하시오.

1 ①의 '소 잃고 외양간 고친다.'는 속담에 담긴 뜻을 쓰시오.

_____

_____

2 ②의 '세 살 적 버릇이 여든까지 간다.'는 속담과 관련 있는 경험을 쓰시오.

※ 다음 글을 읽고, 물음에 답하시오.

> 인터넷 게시판에서 까닭 없이 다른 사람의 글에 대하여 비난한 글을 가리켜 '나쁜 댓글'이라고 합니다. 얼마 전에 우리 학교에서 실시한 조사를 보면, 인터넷 게시판에 댓글을 쓴 학생 $\frac{1}{3}$이 나쁜 댓글을 쓴 경험이 있다고 합니다. 재미삼아 올린 나쁜 댓글 하나가 상대방에게 큰 상처가 될 수도 있습니다. 나쁜 댓글, 인터넷 게시판에서 이제는 사라져야 합니다.

3 '나쁜 댓글'이란 무엇인지 쓰시오.

_____

4 글쓴이가 조사한 사실과 그 사실에 대한 글쓴이의 의견이 무엇인지 쓰시오.

5 '나쁜 댓글'을 달지 말아야 하는 까닭을 두 가지만 쓰시오.

- _____
- _____

※ 다음 글을 읽고, 물음에 답하시오.

1️⃣ 그 뒤로 거위는 날마다 황금알을 딱 하나씩만 낳았습니다. 농부는 그 황금알을 날마다 시장에 내다 팔았습니다. 농부네 집의 살림은 점점 불어났습니다. 그래서 넓은 밭도 사고 새집도 지었습니다.

착하고 부지런하던 농부와 아내는 점점 게을러져서 농사도 짓지 않고 빈둥빈둥 놀기만 하였습니다. 두 사람은 몸이 편안한 만큼 욕심도 점점 더 커졌습니다.

2️⃣ 잠시 뒤에 농부는 거위를 붙잡았습니다. 그러고는 거위의 배를 갈랐습니다. 배 속을 들여다본 농부와 아내는 깜짝 놀랐습니다. 거위의 배 속에는 황금알이 하나도 없었습니다. 농부와 아내는 주저앉아 땅을 치며 후회하였습니다.

"아이코, 이를 어쩌나? 쓸데없는 욕심을 부리다 아까운 거위만 죽였네. 에구, 에구구……."

6 부지런하던 농부와 아내는 황금알을 얻고 나서 어떻게 달라졌는지 쓰고, 그렇게 된 까닭을 쓰시오.

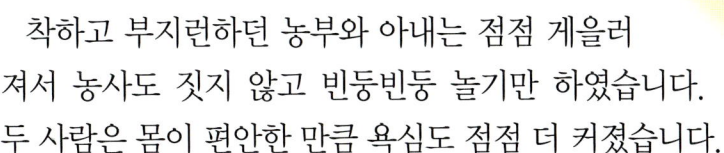

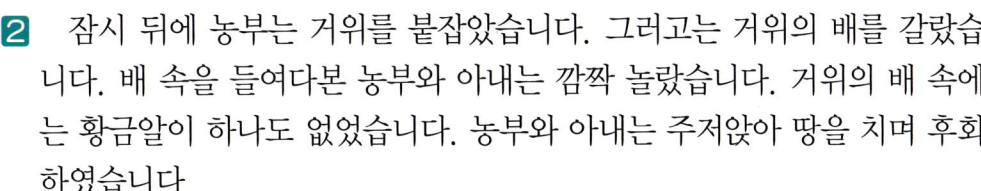

7 거위가 죽은 뒤에 농부와 아내는 어떻게 살고 있을지 뒷이야기를 상상하여 쓰시오.

거위가 죽은 뒤

8 이 이야기는 어떤 아이들이 읽으면 좋겠는지 말해 보시오.

07 이야기의 세계

※ 다음 글을 읽고, 물음에 답하시오.

1 이 그림을 보고, 보기 와 같이 대화 글에 알맞은 말투, 표정 몸짓을 쓰시오.

> 보기
> 훈장님 : (팔자 걸음을 하며 점잖고 엄한 목소리로 천천히) 자고로 선비란 무슨 일이 벌어져도 경망스럽게 뛰어서는 아니 되는 걸세.

• 훈장님 : (　　　　　　　　　　　　　　　　　　　　　　　　)
　　　　　내 연적, 내 연적이? 내 가보가……! 아이고! 너, 너로구나? 너지? 너지?

• 덕재 : (　　　　　　　　　　　　　　　　　　　　　　　　　)
　　　　청소를 하다가 스승님께서 아끼시는 연적을 깨뜨리는 죽을죄를 지었습니다.

※ 다음 글을 읽고, 물음에 답하시오.

1 　방정환은 그때 여섯 살이었습니다. 어린 방정환의 가슴 한구석에는 아무도 모르는 소원 한 가지가 있었습니다. 그것은 삼촌이 다니는 신식 학교를 구경하는 일이었습니다. 방정환은 신식 공부를 하는 삼촌이 부러웠습니다.

　방정환이 열 살 되던 해에 집안에 어려운 일이 닥쳤습니다. 그래서 방정환의 가족은 집과 재산을 몽땅 잃고 말았습니다. 사업에 실패한 작은할아버지 대신 방정환의 아버지가 빚을 다 갚아 주었기 때문입니다. 간신히 이부자리와 솥만 들고 오막살이집으로 이사를 갔습니다.

2 　청년이 된 방정환은 일본으로 공부를 하러 갔습니다. 일본에서 방정환은 어떻게 하면 어린이를 위한 일을 할 수 있을까 궁리하였습니다. 그러던 중에 어린이를 위할 줄 모르는 어른들을 깨우치기 위하여 일본의 한국 유학생들과 '색동회'를 만들었습니다.

　그 뒤에 방정환은 서울로 다시 올라왔습니다. 서울로 돌아온 방정환은 《어린이》 잡지를 만들어 들고 동네마다 돌아다녔습니다. 어떻게 해서든 어린이들과 가까워지려고 넓은 마당에 어린이들을 모아 놓고 동화를 들려주기도 하였습니다.

2 글 **1**을 시간 순서에 따라 간추려 쓰시오.

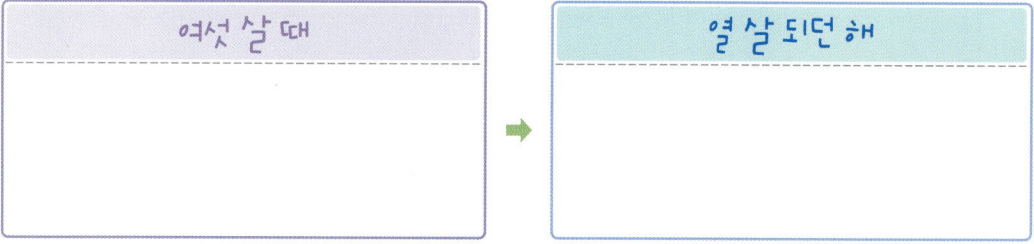

3 글 **2**를 장소 변화에 따라 간추려 쓰시오.

02 고장의 자랑

❸ 고장의 행사

1 고장 행사의 특징을 읽고, 고장 행사를 하는 이유 한 가지를 쓰시오.

- 고장에서 일정한 목적을 가지고 행하는 것으로 문화 예술 행사, 전통 축제, 계절 축제 등을 말함
- 고장의 특색을 나타낼 수 있는 다양한 행사들이 각 고장마다 열림.
- 고장의 행사를 통해 그 고장 사람들의 생활 모습을 알 수 있음.

2 다음 축제가 충청남도 보령에서 열리는 까닭을 한 가지만 쓰시오.

충청남도 보령시 대천 해수욕장에서는 해수욕장 개장과 함께 보령 머드 축제를 엽니다. 보령 머드 축제에서는 머드 게임, 머드 분장 대회, 머드 마사지 체험, 머드 인간 마네킹 만들기 등 다채로운 행사가 펼쳐집니다.

3 (가) 고장 행사와 (나) 고장 행사의 차이점을 한 가지 쓰시오.

(가)	(나)
태백산 눈 축제	수원 화성 문화제
담양 대나무 축제	안동 국제 탈춤 페스티벌
무주 반딧불 축제	남원 춘향제

4 고장을 대표하는 것

4 다음은 고장의 상징들입니다. 이 상징의 공통점은 무엇인지 쓰시오.

| 이천 도자기 | 양양 송이버섯 | 안성 유기 | 제주 감귤 | 상주 곶감 |

_____

5 다음 중 고장의 상징이 될 수 없는 것의 기호를 쓰고, 상징이 될 수 없는 이유를 쓰시오.

- 우리 고장에는 세계 최초로 금속활자로 인쇄한 책인 ㉠직지심체요절이 있습니다.
- 우리 고장에는 유명한 ㉡초등학교가 많이 있어서 어린이들이 교육을 받기에 좋습니다.
- 우리 고장의 ㉢녹차는 다른 지역에서 생산되는 것보다 품질이 우수한 것으로 유명합니다.
- 우리 고장, 제주도에는 큰 화산의 옆 쪽에 붙어서 생긴 작은 화산인 ㉣오름이 많이 있습니다.

(1) 상징이 될 수 없는 것 : (   )

(2) 상징이 될 수 없는 이유 : _____

03 고장의 생활과 변화

❶ 의식주 생활의 변화

1 다음 표를 보고, 옛날의 의생활 모습의 특징 두 가지를 쓰시오.

남자	바지, 도포를 입고 갓을 썼음.
여자	저고리, 치마를 입고 외출할 때 쓰개치마, 장옷 등을 입었음.
양반	주로 비단으로 지은 저고리, 치마, 바지, 도포 등을 입고 가죽신을 신었음.
상민	주로 무명으로 지은 저고리, 바지, 치마 등을 입었고, 짚신을 신었음.

• _____

• _____

2 다음 대화에서 강호가 마지막에 어떤 대답을 했을지 쓰시오.

> 강호 : 옛날 우리 조상들은 주로 한옥에서 살았는데 한옥은 지붕의 재료에 따라 초가집과 기와집으로 나누어진대. 초가집은 주로 상민들이 살고 기와집은 주로 양반들이 살았다고 해.
> 희선 : 그렇구나. 오늘날에는 한옥에서 사는 사람이 드물고 주로 아파트, 연립 주택, 단독 주택 등의 양옥에서 살지. 그런데 왜 점점 아파트가 늘어나는 걸까?
> 강호 : (   )

_____

_____

3. 다음 사진과 같은 전통 음식을 오늘날에도 먹는 이유를 쓰시오.

_____

2 지혜를 담아 온 생활 도구

4. 다음 생활 도구에 담긴 조상들의 지혜를 쓰시오. (30자 내외)

_____

_____

5. 다음 사진의 생활 도구를 광고한다고 생각하고 이 생활 도구의 장점이 잘 드러나도록 광고 문구를 쓰시오.

우리 조상의 삶과 지혜가 담긴 옹기

❸ 옛날과 오늘날의 여가 생활

6 다음 여가 생활의 뜻을 잘 보고, 여가 생활이 필요한 까닭을 한 가지만 쓰시오.

> 여가 생활이란 일이나 공부로부터 벗어난 자유로운 시간에 취미 활동, 운동 등 여러 활동을 하는 것입니다.

_____

_____

7 다음 놀이들의 공통점은 무엇인지 쓰시오.

> 윷놀이   다리밟기   지신밟기   그네뛰기   강강술래

_____

8 다음 사진과 같은 놀이를 함으로써 얻을 수 있는 것은 무엇인지 쓰시오.

_____

03 동물의 한살이

① 여러 가지 동물의 한살이

1 다음 동물들의 공통된 특징 한 가지를 쓰시오.

_____

2 다음 표를 보고, 사자, 게, 사슴의 공통점 한 가지를 쓰시오.

이름	암컷	수컷
사자		
게		
사슴		

_____

3 다음 그림을 보고, 개구리의 한살이 과정을 빈칸에 정리해 보시오.

알은 투명하고 얇고 말랑말랑한 유무질에 쌓여 있음.

↓

↓

↓

↓

꼬리가 없어지고 개구리가 됨.

4 한살이를 관찰할 동물을 기르면서 생각해야 할 점 두 가지를 쓰시오.

_____

_____

❷ 배추흰나비의 한살이

5 배추흰나비 애벌레의 색깔과 모양을 자세히 쓰시오.

_____

_____

_____

6 다음 글을 읽고, 완전 탈바꿈과 불완전 탈바꿈에 대해 설명하시오.

> • 배추흰나비, 나비, 파리, 모기, 풍뎅이, 사슴벌레, 하늘소는 '알 → 애벌레 → 번데기 → 성충'의 단계를 거쳐 탈바꿈을 하는 완전 탈바꿈 곤충입니다.
> • 메뚜기, 사마귀, 매미는 '알 → 애벌레 → 성충'의 단계를 거쳐 탈바꿈을 하는 불완전 탈바꿈 곤충입니다.

• 완전 탈바꿈은 _____

_____

• 불완전 탈바꿈은 _____

_____

04 날씨와 우리 생활

① 기온, 바람, 구름, 비

1 '온도'와 '기온'이 어떻게 쓰이는지 살펴보고, '온도'와 '기온'의 뜻을 쓰시오.

- 정수기 물의 온도가 50℃이다.
- 실내 온도가 21℃이다.
- 오늘의 기온은 어제 기온보다 높아서 따뜻하다.
- 기온이 높은 날은 공기의 온도가 높아서 날씨가 따뜻하거나 덥다.

• 온 도 : _____

• 기 온 : _____

2 보기를 참고하여, 오른쪽 그림의 바람의 이름과 세기를 쓰고 그렇게 생각하는 까닭을 쓰시오.

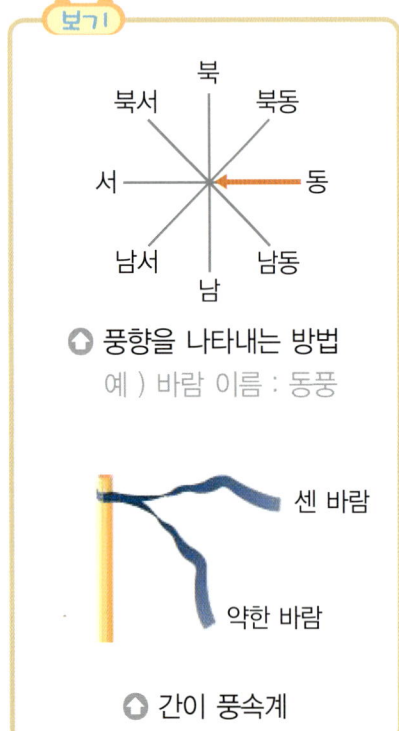

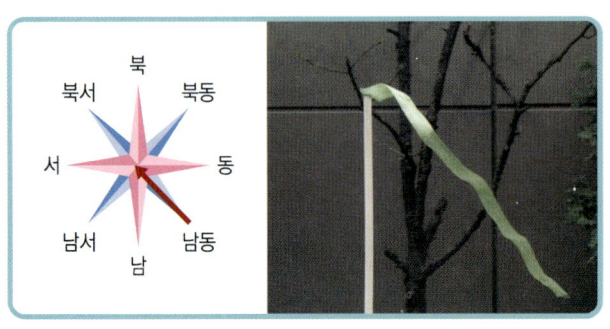

• 바람의 이름과 세기 : _____

• 그렇게 생각하는 까닭 : _____

2 맑은 날, 흐린 날

3 다음 표를 보고, 알 수 있는 사실을 한 가지만 쓰시오.

날씨에 따른 옷차림	날씨에 따른 생활
• 여름에는 짧은 옷을 입고 겨울에는 두꺼운 옷을 입음. • 비가 올 때에는 비옷을 입거나 우산을 쓰고 장화를 신음.	• 더우면 선풍기나 에어컨을 틀고 추우면 난로를 켬. • 맑고 따뜻한 날에는 나들이나 공연을 하고 바람이 불 때에는 연날리기나 윈드서핑을 함.

4. 다음과 같이 제방과 댐을 쌓는 목적은 무엇인지 쓰시오.

↑ 제방

↑ 댐